方集出版社

古籍之美

古籍修護與數位化

古籍修護與數位化對保護、推廣傳統古籍，提供及解決了古籍利用與實體保護之間的矛盾，它不僅可以滿足學術研究文化傳播的需要，對於傳統文化的傳承、推廣和弘揚具有重大的意義。

張圍東
林俐伶
——
著

自　序

　　古籍是古人智慧的結晶載體，它承載著我國傳統文化的精華，是珍貴文化寶藏和精神財富，由於歲月侵蝕，古籍的生命受到嚴重的威脅。修護古籍文獻成為一件重要而緊迫的任務。而古籍數位化對保護、推廣傳統古籍提供了一種良好的解決方案。它可以將古籍資訊內容記錄下來，無限制重複使用，更可以在網路上遠端共用，既可以滿足學術研究文化傳播的需要，又不損壞古籍實體，解決了古籍利用與實體保護之間的矛盾。因此，古籍數位化對於傳統文化的傳承、推廣和弘揚具有重大的意義。

　　古籍大致可以分為「善本」和「普通線裝」古籍。善本年代較久，存世較少，研究、收藏價值比普通古籍來得高。除了保護，古籍修護也是重要工作。自然老化讓古書的紙張、圖色脫落情況經常發生，一些書籍在入館前沒有好好維護，使書籍發生千瘡百孔殘破蟲蛀的情形。僅僅修護還不夠，珍貴古籍數量稀少，文物價值高，數位化成為古籍再生性保護的重要手段，更能拓展古籍資源利用價值。明代藏書家周嘉胄在《裝潢志》這本書中，曾經提到修復書畫，就好比延請大夫看病開藥，書中有這麼一句話：「醫善則隨手而起，醫不善則隨劑而斃」。由此可見古籍修復苟非良醫，無異於毀書。

　　卷帙浩繁的古籍文獻是中華文明的見證者與記錄者，也是當下傳承弘揚中華優秀傳統文化，並推進其實現創造性轉化、創新性發展不可或缺的源頭活水。然而，如何平衡古籍的文物性與文獻性，既做好古籍的修復保護、守住中華民族的文化寶藏，又能使古籍上的文字走出故紙塵

封、與更大範圍的讀者和研究者見面，是古籍工作一直以來面臨的一大難題。

所幸的是，現代科學與資訊技術為解決古籍保護與利用間的矛盾提供了可行路徑。利用掃描、微縮等技術，讓古籍的原始面貌以數位化的形式完整清晰地保留下來，有效避免了人為移動或翻閱過程中可能造成的損傷，大大方便了閱覽研究。在此基礎上，又可藉助 AI 技術，對古籍進行規模化、系統化的字符識別和錄入，搭建古籍全文資料庫以及各類知識庫，實現全文檢索、文本比對、自動標點、數據分析等功能。這些技術應用在提高整理研究效率的同時，還拓寬了相關人文領域的研究視野，豐富了古籍發掘利用的方式。

本書分為上篇與下篇兩大部分，首先上篇敘述古籍修護的基本原則與方法，簡述紙張的劣化狀況，並詳細說明古籍維護與修復；下篇闡釋古籍數位化的基本內涵、性質，分析我國古籍數位化的發展與現狀，及古籍數位化流程，另外也探討從古籍數位化資源的選擇、著錄原則及方法、古籍數位化應用的技術以及其儲存方式機方面。在文內也分析和研究古籍數位化存在的問題並提出了相應的對策研究。最後主要對古籍數位化的前景做出相應的分析，並提出圖書館等相關機構將會對古籍數位化事業起到積極的推動作用。

圖書館作為古籍的保管機構，同時也肩負著傳播文化的職責和保障公民閱讀權的職責，所以說圖書館應當在保護古籍的基礎上，獨立或與其他機構合作開發數位化古籍資源，以滿足公民文獻的需求。古籍數位化是保護和傳承古文獻最有效的形式，也是古籍整理工作的必然趨勢。

目 次

下篇：古籍數位化

第一章　紙張與書籍的起源

一、紙張發明前的紀錄載體

　　本章簡介紙張發明前曾使用過的紀錄載體，從遠古住民的結繩記事開始，逐一介紹玉石、瓦磚陶器與封泥、獸骨與龜甲、金器、竹簡木方與縑帛，著重於該載體之出現年代、使用契機、用途與形制，更詳細的內容闡述可參閱本系列書籍之《古籍之美：古籍的演變與發展》[1]。

（一）結繩與書契

　　遠在文字發明前，就有以工具輔助作為符號標記，如各地原住民，多有以樹枝擺放各種約定造型，或將樹葉打結以傳達特定訊息，以指示行進方向或標註獵物所在之處。《周易集解》引《九家易》敘及中國古代記事之法：「古者無文字，其有約誓之事，事大大其繩，事小小其繩，結之多少，隨物眾寡，各執以相考，亦足以相治也[2]。」而遠東及南美的原住民亦流行結繩之法，用形、色、大小與數目等作為區別與記數之用。美國古印地安人則使用樹皮纖維或鹿皮，以穿珠為記，亦有將重大事物如版圖等，以簡易圖案織入織帶內作為紀錄及遵守憑據。

---

[1]　張圍東著，《古籍之美：古籍的演變與發展》（新竹縣竹北市：方集出版社，2021.06）。

[2]　〔唐〕李鼎祚撰，《周易集解》，明虞山毛氏汲古閣刊津逮秘書本。

（二）玉石

　　岩石形體龐大且厚重，不易搬移且較難毀棄，可記錄面積較廣，故通常所刻載之文體也較長，常選堅硬灰暗者進行刻印，以石刻為紀功、追遠之用最早可追溯至秦代，西元二世紀以後亦多用此作為長久保存儒釋道經典之途。而學術界認定目前存世最早的石刻為陝西所發現的十枚圓柱形石鼓（揭），四周刻有七百餘文字，歌詠國君游狩漁獵之事，經學者考據應為秦時所刻。後代以後石刻演變為為長方形柱狀體，立於地面者稱為「碑」，置於葬墓者稱為「墓志」，其他以石刻方式記錄留存的還包含五世紀的敦煌佛教石窟，其他如建築物之石材如橋基、塔、石獸等亦多刻有文字。

　　玉器亦為礦石類，但較堅硬且貴重，根據出土資料顯示，最早刻有文字的玉器出土於安陽古墟，根據文字內容瞭解該物是商王所賞賜給大臣，故以此推斷玉石刻辭最早的出現年代可推至商代。古代亦常將祭文寫刻於玉簡上，以作為封禪之用。除此之外，也可做為帝王與朝臣記事之用，又稱奏板，長方形者稱為「圭」，長弧形者稱為「笏」。

（三）瓦磚、陶器與封泥

　　以泥土作為基底而製成的書寫載體大約有三種形制，分別為瓦磚、陶器與封泥，常選細軟泥土或硬脆黏土進行燒製，其上之文字圖樣通常為燒製前印壓、模壓或燒製後刻畫而成，亦有以筆直接書寫者。

　　陶器為泥土所製成之器物，刻於陶質器物上的文字稱為陶文。陶器最早出土於約公元前四千年的新石器時期末期，表面裝飾多種紋樣，如方格紋、菱形紋與網紋等，亦有類似文字的符號。出土於殷商遺址的白灰色陶片上曾發現有甲骨文字，然而古陶最大量的出土年代則屬周朝最多，戰國時期亦有作為陪葬品的黑陶明器，如俑人、陶馬等，皆有細緻

彩繪圖案。陶製器物易碎且不易久存，所發現的陶文也甚少完整者，其亦多以簡短標記為主，如記錄器物持有人與製作者之名字、紀錄，官銜，及生產年代與地點等。

瓦磚為泥土所製之古代建築材料，其上之文字圖案通常以模型壓印於泥胚上後燒製而成。自春秋開始以瓦類作為建築材料之用，戰國時期逐漸普遍，其中瓦當即以文字或美麗圖紋表徵吉祥語言與寓意，如雙壽紋、雙鳥紋，亦有用於建造宮殿、水井、道路與廟宇等瓦磚刻有建築物名稱、紀念、年代與姓名等，至漢朝時圖案更趨複雜，且亦產有大型圖繪之長方磚。

封泥在古代被運用為傳遞公文或私函上的一種保密機制，選用具有黏性、柔軟且光滑的泥土，經過提煉程序製成，越晚期的封泥則越趨輕巧。自晚周直至秦漢皆有相關封泥文物出土，但最早使用年代無法確認，僅能從古籍文獻敘述中確定封泥普遍存在於簡牘盛行之時。封泥多被敷於綑綁書簡的綁繩上，蓋以印章，因怕有人依照封泥之字自行翻刻，故往往不隨意丟棄，其上所蓋印文字多為官府名稱、都邑郡縣名稱、職官衙署名稱等，為研究秦漢地理域名及官方行政體制的重要史料。

（四）獸骨與龜甲

刻於獸骨與龜甲上的文字稱為甲骨文，最早於 19 世紀末出土於河南安陽的舊商殷都邑宗廟廢墟，為中國現存最早之文字，研究者判斷其文字繁複優美，似已經歷過一段發展，因此前載體無法長久保存，才出現了刻於獸骨龜甲的方法。現存甲骨刻辭之出土年代多分佈於商代晚期與周代初期，內容主要為卜辭以及部分單獨的歷史記事，包含田獵、祭祀、戰爭、求雨、詢問吉凶等。因新石器時代遺址已發現上有灼痕的獸

骨龜甲，因此判斷殷商承襲前代以甲骨作為祭祀占卜之具，後再加上文字記錄。周代之占卜文字多寫於竹帛，因其書寫之便利性逐漸取代雕刻。

（五）青銅器

自商代晚期即有將文字鑄造於金屬器物上之工藝技術，其中又以青銅器為主要的金屬載體，所鑄之文字稱為金文、銘文或鐘鼎文。自西周開始，金文字數漸多，甚至有多達數百字者，內容多記載祀典、賜命、征伐、戰爭、盟約等，具有獨特的記事內容、形制與為適應器形所展現的字體變化，齊整方正，自成書寫體系。青銅器種類繁多，包含石器、酒器、樂器、兵器及日用器具等，鑄文部位不盡相同，有鑄於器物內部、主體表面、底部、蓋或柄上，亦有少數鑄於耳、口、頸、足等處，刻繪內容包含文字與紋飾，繁簡不一，具有寶貴的史料價值，亦展現了傳統古典裝飾美學。將器物周身所鑄造之文字，按器物之形完整拓印至紙上者，需精湛拓印技巧，此類拓片稱為全形拓。

（六）竹簡木方

在紙張發明以前，竹簡木方為最早的書寫材料，運用於一般性文書，甲骨、金器與玉石多為特殊用途之記載。木簡與載有文字之紙張同時被發現的年代為晉代，約西元三至四世紀以後則被紙張逐漸取代。

古字典、冊、策相同，皆從竹，可知為竹片。冊字與典字曾經分別出現於甲骨卜辭與金文，證明商周已開始使用竹片書寫。古字方、版、牘皆代表木板，出現時間晚於竹簡，可能為其替代品，因竹面剖削為平面後製成細長竹片，可書寫面積小，通常僅容一行，木片則因面板較寬可書寫多行。《春秋左傳註疏》提及「一行可盡者，書之於簡，數行乃

盡者，書之於方，方所不容者，乃書於策³。」竹片與木方後又統稱為簡，為最小單位，書寫順序由上至下，排列順序由右至左，上下繫以麻繩即為「冊」，「牘」字使用最早始見於漢代文獻。

（七）縑帛

關於帛書最早出現的年代，可引兩段文獻作為應證，一為《墨子‧貴義》裡提到「古之聖王，欲傳其道於後世，是故書之竹帛，鏤之金石，傳遺後世子孫，欲後世子孫法之也⁴。」另一為《韓非子‧安危》文中敘及「先王寄理於竹帛，其道順，故後世服⁵。」，可證明約西元六世紀於春秋時期即以帛作為書寫材料，並與竹片同時存在。縑帛質地柔軟，色澤潤白，可隨意變換大小，亦可折可捲，攜帶十分方便，亦便於毛筆書寫，吸墨性佳且顯色良好，書寫幅面寬廣，可寫長文。存放方式通常有兩種，一為折疊後置於錦囊與木盒，二為使用圓柱狀物體作為軸心，將其捲收於外。

縑帛雖有各項優於竹簡木方之特色，但因價格昂貴，無法廣泛運用於一般性書寫，僅專門用於特殊用途，諸如珍貴文獻書籍的定稿抄謄以永久保存；寬幅特性利於地圖繪寫，常做為竹書的附圖；作為祭祀祖先與神靈之用，借其珍貴以示尊崇；記載皇室貴族言行以傳後世；記錄功臣偉大事蹟功業以歌功頌德。

3　〔晉〕杜預註，《春秋左傳註疏》，明李元陽刊十三經註疏本。

4　〔周〕墨翟撰，《墨子》，卷十二〈貴義〉，明嘉靖癸丑(三十二年，1553)南昌唐氏刊本。

5　〔周〕韓非撰，《韓非子》，卷八〈安危第二十五〉，明嘉靖戊午(三十七年，1558)張鼎文潁東書院刊本。

二、紙張的發明

　　造紙技術的發明與演變，並非一朝一夕之事，除了偶發因素機緣下發現更好的材料或更便捷的製造方式外，更多仰賴於各朝各代的有心鑽研者，在當時抱持著對於書寫載體的熱切企盼中，不斷努力嘗試各種材料、配方與造紙程序的試驗，更想方設法的改進所遭遇的難題，最後演繹出一段交織著汗水與千錘百打試煉的豐富造紙工藝史。現今當我們在追溯造紙技藝時，不應僅聚焦於某人某事，而更應該梳理歷史脈絡，方能更完整體現所有參與者在這段輝煌技藝史中所付出的努力與貢獻。

（一）紙的定義

　　中國早期即以煮繭方式求取蠶絲，或在水中洗滌、捶打與漂絮，纖維碎末在此過程中殘存於細簾席上，相互錯落交結而形成薄膜，後將此薄膜拾起乾燥，即為紙張的雛形，也就此定義了紙張。蔡倫之前，以構樹樹皮作延伸運用，樹皮需加水搗碎，展延纖維面積至十倍大，但一名工人一天僅能作二至三張，製造過程費工且費時，難以大量生產。

　　蔡倫開啟了以浸解法取得纖維，並以抄造方式製成紙張，取代了搗捶的方式，同樣的工時，可將產量擴增至兩千張。《後漢書》中描述蔡倫以水混和樹皮、麻、破布和亞麻等作為造紙材料：「自古書契多編以竹簡，其用縑帛者謂之為紙；縑貴而簡重，並不便於人；倫乃造意，用樹膚、麻頭，及敝布、魚網以為紙。元興元年奏上之，帝善其能，自是莫不從用焉，故天下咸稱『蔡侯紙』[6]。」蔡倫本為小黃門，即一般宦官之職，後轉為中常侍，在皇帝身邊做事，並奉命監管宮中倉儲，以及

---

[6] 〔南北朝〕范曄撰，《後漢書》，明崇禎十六年(1643)虞山毛氏汲古閣刊本。

宮廷內的家具、刀劍器械等製作，亦是於此時開始著力實驗研發改善造紙流程與效率，後亦開始使用新鮮的植物纖維取代原本織品布料的碎片。

（二）造紙發展

由史料記載中可知兩漢時期已開始以麻與樹皮為原料作為書寫載體，但同時期出土的文物多被判定為麻類，幾乎未見皮類纖維，但由出土文物可證實西漢起即產有植物纖維的紙張，到東漢蔡倫改進造紙技術後，紙張品質改良且可大量生產，但此時紙張的文化地位尚未超越簡牘與縑帛，直至東漢末年時，造紙技術再次往前推動，「左伯紙」即被讚譽「研妙光輝」，與筆、墨技術相互輝映，推動了書畫藝術的蓬勃發展。

西晉初期已開始紙簡併行，因紙張輕巧便於攜帶且可大量製造，西晉末年簡牘漸漸開始消失，東晉末年甚至由官方下達命令使用黃麻紙取代簡牘。當時曾將一批西元前三世紀所發現的簡牘轉抄至紙上，且此時亦逐漸將以前慣用的書籍量詞「篇」轉以「卷」而取代之。晉代時亦普遍使用楮皮紙。

從晉到唐，隨著造紙術的不斷改進與新原料的持續開發，再加上經濟繁榮與官方推廣學術之影響，紙張需求日漸增加，並開始廣泛用於多種用途如儀式慶典、裱糊居室、民生日常用品與裝飾等。唐開始設立官方造紙專職，進行染紙、裝潢與加工等多項專工，並日益要求紙張品質，期間亦開發以藤、竹做為新的原料開始造紙，草料亦開始搭配其他抄紙原料一起使用。唐代有許多紙類文物留存於世，其中敦煌卷子即為該時期的經典之作，普遍使用大麻紙與褚皮紙，少數使用苧麻紙與桑皮紙。南唐李後主設局造紙，其中享譽後世的「澄心堂」紙即以他的書齋

為名。

　　因藤紙材料逐漸用盡，宋代開始以竹紙取代，又因印刷術普及盛行，刺激了造紙業的發展，從而造紙業的發展進一步開發更多紙類用途，擴增的用途又回頭刺激民眾消費與各類紙品生產，如此反覆，故紙廠日盛。宋代政府除了向民間各地徵收貢紙外，亦設置許多大型紙廠，以供紙幣印行、交易憑證及其他需求。此時的紙張品質已日臻完美，米芾於《書史》中提及曾親自加工竹紙：「余嘗硾越竹，光滑如金版，在油拳上，短截作軸。入笈番覆，一日數十張[7]。」蘇易簡亦於《文房四寶》中將紙列為四寶之一，為文壇之始。

　　元代則是造紙術向外傳播的興盛時期，馬可波羅在中國看到了紙幣流通，以及焚燒紙錢的奢侈習俗，十二世紀時，造紙術又間接傳至歐洲、波斯與朝鮮、越南等。明清時期，隨著印刷術成熟，民間與官方著書與出版風氣盛行，造紙廠的版圖又更擴大範圍，以竹料為主要造紙材料的明代，單是江西鉛山石塘鎮就擁有超過三十家造紙廠，每家雇用一至兩千人工人，足以自成一鎮。政府部門亦大量徵調紙張作為各類用途，每年各省繳納共一百五十萬張紙，供商品交易憑證使用。

　　明代末年，首次出現詳述造紙過程的書籍，即為宋應星所著《天工開物》裡的〈殺青〉篇章，此時的紙張品質已精益求精不斷進化，同時亦有餘力追求藝術美感層面，因此在個人著作筆記與信札中都發現許多高雅箋紙，足以證明明代造紙術已可兼顧技術與美感，並持續創造新式紙張。清代法典中規定了各色紙張適用的文件範圍，皇家主編的《圖書集成》與《四庫全書》皆使用大量高級紙張印製成書，武英殿的殿版書則專用浙江所製造柔韌精良的「開化紙」。

7　〔宋〕米芾撰，《書史》，明郿陽原刊畫苑本。

三、古籍裝幀形制演變

　　本章簡介古籍裝幀形制演變歷史，從最早期簡冊開始，逐一介紹卷軸裝、貝葉裝、經折裝、旋風裝、蝴蝶裝、包背裝、線裝與毛裝，著重於裝幀之形制、演變始末與常見用途，更詳細的內容闡述可參閱本系列書籍之《古籍之美：古籍的演變與發展》[8]。

（一）簡冊

　　將竹片剖削為平面，去皮烘乾後製成細長竹片，可供書寫但面積甚小，通常僅容一行，後則出現木片，其面板較寬可書寫多行，竹片與木方後又統稱為簡，為最小單位，書寫順序由上至下。裝幀前先將竹木簡依內文順序由右至左擺放，上下兩道繫以韋皮、麻繩或有色絲線，此即稱為「冊」，若卷冊寬幅較大，則細繩可能增多到三至五道，卷收時由左至右，將文字卷伏於其中。因裸露於外最前端之簡片最容易年久損毀，故於每冊開頭處，留一至兩根空白簡片不做書寫，可避免內容因磨損而不易判讀，功能近似現代書籍之扉頁，稱為「贅簡」。另外為了方便於卷收狀態時能清楚區分書籍內容，故於贅簡背面，上書篇名，下記書名，又分別稱之為小題與大題。

（二）卷軸裝

　　卷軸裝最早用於於帛書收納，卷子裝為收納方式之一，於帛書左側黏上棍軸，仿卷策形制捲收而呈卷子裝。紙書卷軸裝約始於漢代，盛行

---

[8]　張圍東著，《古籍之美：古籍的演變與發展》。

於魏晉南北朝至隋唐年間，裝訂方式是先將小張書頁依書寫順序由右至左黏貼成一長條，再以上漆之木棒做軸，黏於書頁最左端，由左向右捲收，稱為卷軸裝。木軸可替換為其他材質如竹子、琉璃、象牙、玳瑁、珊瑚，或使用金玉鑲嵌於兩端，《隋書·經籍志》中記載隋煬帝時，即以用料之貴重價值區別密閣裡各藏書之價值，上品配以紅琉璃軸，中品用以紺琉璃軸，下品則使用漆軸，後於《舊唐書》中所載中可知，唐代的皇家藏書裝潢區分更為細膩繁瑣，用料亦趨考究。至宋代開始演變為較複雜形制，於紙頁右方最前端、書頁上下緣以及背面捲收後會裸露之處，鑲以錦、綾或絹以保護書寫紙頁，更於絹首處繫上織錦綁繩用以捆收。

（三）貝葉裝

起源於印度，印度佛教發展歷史源遠流長，早期即將梵文佛經刻寫於貝多樹葉上，其葉修長碩大，書寫前會先裁整為長方形，有些會在表面塗刷顏料，用以閱讀流傳，此類佛經又稱為貝葉經，古籍中以「葉」作為頁數計算單位亦為受此影響之故。裝幀前先將貝葉經按照書寫順序由上至下排列，使用兩塊比原貝葉梢大之木板，於上下方將全部貝葉包夾其中，再於左右兩側穿孔打洞，將上下木板與中間的貝葉一併貫穿後繫上綁繩，綁繩一端打結固定，另一端連結貝葉與木板，最後將繩索纏繞住整個貝葉經即完成此夾板式裝幀。該裝幀形式自隋唐時期傳入中國，唐朝杜寶的《大業雜記》中記載東都洛陽裡的「左掖門東二里有承福門，即東城南門。門南洛水有翊津橋，通翻經道場。新翻經本從外國來，用貝多樹葉，葉形似枇杷葉而厚大，橫作行書，約經多少，綴其一

邊，牒牒然，今呼為『梵夾』[9]」，故此裝幀方式又被稱為梵夾裝。

（四）經折裝

經折裝於約莫唐末五代時期已經出現，該形制出現與佛教經典密不可分，唐代時期的佛教已蓬勃發展，當時的卷軸裝於誦經拜懺時不甚方便，在佛事活動使用時難以固定圓軸，故慢慢開始發展出將書頁以摺疊方式呈現，即可輕鬆翻頁又無需費神固定，實為佛經裝幀的一大改革演進。吾丘衍於《閒居錄》中提到「古書皆卷軸，以卷舒之難，因而為折，久而折斷，復為薄帙，原其初，則本於竹簡絹素云[10]。」，亦可以此看出摺疊形制之發展起源於卷軸閱讀之不便。其裝幀方式是先將書寫好之書頁黏貼成長幅，並按一定行數或寬度進行連續摺疊，再於最前端與最後端黏以硬質材料，以保護中間疊頁。雕版印刷盛行後，此種裝幀方式更為流行，其中又以佛教經典採用最廣。

（五）旋風裝

旋風裝是指將參差不齊的紙頁疊放一處，以右側對齊，紙編塗上漿糊後逐頁黏貼，於最後一頁的背面貼上底紙，再取竹棍夾住黏貼處，於該棍上打三至四個眼，用麻線縫住加固，可捲收。後人亦有認為旋風裝即為龍鱗裝，龍鱗裝目前最常被討論的代表文物是《勘謬補缺切韻》，於北京國圖、法國國圖及臺灣故宮皆有實體藏件，反對旋風裝為龍鱗裝之學者指出，北京國圖與法國國圖之藏件於每頁皆有漿糊痕跡，疑為再次改裝，且故宮藏件於最後方有明代宋濂之跋，認為其「裝潢欠精，亦

9　〔唐〕杜寶，《大業雜記》，清順治丁亥(四年， 1647)兩浙督學李際期刊本。

10　〔元〕吾丘衍，《閒居錄》，清乾隆丁亥(三十二年， 1767)杭郡趙氏竹影庵鈔本。

出於宣和內匠」，故疑為宋宣和時期宮廷重裝，與認為應出現於唐五代時期的旋風裝時代不符，較傾向於「龍麟裝為旋風裝演變而來」之解釋[11]。旋風裝目前尚未出現被學界普遍認同且具代表性之實體藏品，認為旋風裝與龍麟裝兩者相同之學者，多從古籍文句中探討引用，故基於以上種種爭議未有定論。

（六）蝴蝶裝

簡稱「蝶裝」，又稱「粘頁」，是早期的冊頁裝。上述各種裝幀方式皆有缺陷之處，簡冊過於笨重，卷軸閱讀不易，貝葉體積過大又容易丟失、經折裝易造成紙張斷裂，種種因素最後演變出蝴蝶裝的冊頁形制，以類似經折裝斷裂後的單面文字向內拗折的紙頁形式進行發展，除避免紙張斷裂外，亦可保護內容，使不易毀損。製作工序是將印有單面文字之書頁，以版心朝內方式，將文字朝內反折，折好的書頁整理疊放，並將書背以外的三邊參差處裁齊，再將首頁背面直至書背與底頁背面，以一張紙完整包覆黏貼，後再黏以繡有織品的紙板作為封面與封底，於封面貼上籤條即完成，此種裝幀格式流行於宋元兩代，雖解決了以前裝幀的一些缺點，但每看一頁要連翻兩頁，極為不便。

（七）包背裝

又稱鑲背裝或裹背裝，版心向外作為書口，字朝外正摺，書腦部分穿四眼孔或二眼孔，穿入紙捻，再將書背及書籍上下共三邊裁切整齊後，於書背處刷上漿糊，將首頁背面直至書背與底頁背面，以一張紙完

---

[11] 盧錦堂，〈中國古籍紙本裝幀演進考述〉，《佛教圖書館館刊》，n.49卷（2009，臺北市），頁48-60。

整包覆黏貼，後再黏以繃有織品的紙板作為封面與封底，於封面貼上籤條即完成，因將背部完全包覆，故得「包背」之名。此種裝幀形式最早出現於南宋末年，改善了蝴蝶裝閱讀時需連翻兩頁之不便，有時亦因有字的書面容易相吸，更增加翻閱難度。包背裝起源何時目前仍無可供確切考究的證據，但可以確定的是明清時期非常流行，明清之官書內府刻本大多採用此法進行裝幀，國家圖書館所藏有之《永樂大典》明嘉靖隆慶間內府重寫本即為包背裝形制。

（八）線裝

最早於敦煌遺書中發現有類似線裝之形式，即為縫綴裝，據信為唐末五代與北宋初年的遺物，實際裝幀方式與現今所熟知的線裝形制不太一樣，就連同時期的古籍文物的穿線方式都無固定規則，但都是以穿洞縫線作為連接書頁之法，較像是過渡時期的各自探索發展，並未成為該時期主流。北宋王欽臣於《王氏談錄》之《錄書須黏葉》裡提及；「公言作書冊黏葉為上，雖歲久脫爛，苟不逸去，尋其葉第，足可抄錄次序。初得董子《繁露》數卷，錯亂顛倒，伏讀歲餘，尋繹綴次方稍完服，乃縫綴之弊也，當與宋宣獻談之，公悉命其家所錄書作黏法[12]。」可知縫綴裝仍有年久破損以至書頁次序顛倒、散亂與脫落者，故以黏貼方式改進而有黏葉之法，清初的方以智則認為此黏葉之法即為蝴蝶裝，顯示縫綴裝後即發展至冊頁，但後續的蝴蝶裝與包背裝仍有不牢固、易散裂與不便翻閱的缺點，故於明代時期又重新回到縫線方式，並加以革新改進與規格化。線裝的裝幀方式與包背裝類似，一樣將版心朝外作為書口，文字朝外正摺，右側書腦部分穿上四至八眼孔，穿入紙捻後，再

---

[12] 〔宋〕王欽臣錄，《王氏談錄》，傳鈔四庫全書本。

加上封面與封底，以縫線加固，最後於封面貼上籤條即完成，亦可於上下書角包裹織布以作為保護，稱之為「包角」，後持續發展至清代亦趨成熟且完備。

（九）毛裝

毛裝的裝幀方式與線裝類似，將版心朝外作為書口，文字朝外正摺，摺疊後整理為一落，但並不針對書頁邊緣進行裁切修整，封面與封底可加可不加，於右邊書腦處穿二眼或四眼孔洞，再穿入紙捻作為固定即完成，這種保留頁緣參差感，並僅以紙捻粗裝之書籍即稱為毛裝。古籍於兩種情況下會使用毛裝形式裝幀，其一為朝廷賞賜官刻書與各王府、功臣及邊疆吏員時，因不確定收受者會希望以何種方式或材料裝幀，故僅以毛裝形式簡略裝之，乾隆為獎勵寧波范氏於《四庫全書》編纂過程有功，賞賜《古今圖書集成》雍正內府銅活字本一整套，即為毛裝的裝幀形制。其二多用於手稿與抄本的裝幀，因有時書寫過程十分漫長，作者寫完一冊可先行簡略裝訂，以避免已完成之書頁錯落雜亂，次序顛倒。

第二章　紙張劣化與保護

一、材質因素

影響紙張劣化的因素很多，除了外在環境如光線、溫度、濕度、空氣中的氣體、微粒或微生物等，亦包括紙張中的內含物，以及其他在製造紙張的過程中可能加入的各種添加物。

製造紙張所使用的材料十分多元，早期常用材料有碎布、樹皮、棉、麻、竹子、藤類或稻草等，一直到西元 19 世紀各項造紙技術與設備開始蓬勃發展，使得木材原料漸漸取代非木材材料，直至今日，90% 的印刷紙張皆由木材纖維所製成，其中主要化學結構為纖維素（cellulose）、半纖維素（hemicellulose）與木質素（lignin）。而在製造過程中所加入的各種添加劑，則會在不同的程度上影響紙張使用的持久性，例如酸性或鹼性的施膠劑、漂白劑、填料、增強劑、著色劑等，這些材料老化後也會產生自身的劣解物，都可能是造成紙張劣化的因素之一。

（一）纖維素與半纖維素

木材是現今最常被利用作為造紙材料的原料，當中主要的構造包括了纖維素、半纖維素、木質素與少量的果膠物質。而它們在木材中各自所占的比例又會因木種的關係而有所不同，其中最主要的成分為多醣體。（如表 1）

表一：乾燥木材主要化學成分的比例分佈

	纖維素 （Cellulose）	葡甘露醣 （Glucomannan）	木聚醣 （Xylan）	其他多醣體 （Other Polysaccharides）	木質素 （Lignin）
針葉樹	33-42	14-20	5-11	3-9	27-32
闊葉樹	38-51	1-4	14-30	2-4	21-31

　　纖維素是構成植物細胞壁的主要成分，主要以 1,000-1,500 個葡萄糖單體（glucose）組成。葡萄糖分子 C1 與 C4 上各自的羥基脫去一分子水，因而脫水聚合而成，彼此通過 β-1,4-糖苷鏈（β-1,4-glycosidic bonds）互相鏈結為長鏈狀高分子結構物，而分子的鏈結長度又與紙張聚合度有關。然除了鏈狀結構外，纖維素分子間又依凡得瓦力（van der Waals force）與氫鍵相互鏈結形成微纖維（microfibrils），平行排列形成結構緊密的結晶區（crystalline domains）與排列鬆散的非結晶區（amorphous regions）。微纖維又形成原纖維（fibrils），最後形成纖維素纖維（cellulose fibers）。

　　半纖維素為一種不均質多醣體（Heteropolysaccharides），透過各種糖單元組合而成，其中又可細分為戊醣（pentoses）、己醣（hexoses）、己醣醛酸（hexuronic acids）和脫氧己醣（deoxy-hexoses）等基團。半纖維素的主鏈可僅由一個單元組成，例如木聚醣（xylans），也可由兩個或多個單元組成，例如葡甘露聚醣（glucomannans）。

　　針葉樹中的主要半纖維素是半乳葡甘露醣（galactoglucomannan）、

葡甘露醣（glucomannan）和樹膠醛木醣（arabinoglucuronoxylan，簡稱
為木醣 xylan）；次要半纖維素是樹膠醛半乳醣（arabinogalactan）、木
葡聚醣（xyloglucan）以及其他葡聚醣（glucans）。而葡甘露醣是針葉
樹中的最主要半纖維素。闊葉樹中的主要半纖維素是木醣（xylan），
與針葉樹木醣並不同的地方在於不含阿拉伯糖側鏈；另外還含有葡甘露
醣。

　　半纖維素與纖維素具有類似的性質，作用為增強紙張強度，但其主
要分子鏈較短且分支多，常以分歧的型態存在於非結晶區域中，也因此
容易因為酸性物質造成水解而使分子量降低，特性易溶於鹼，且容易吸
水而膨脹。

（二）全纖維素黃化機制與劣化衍生物

　　纖維素降解後所產生的酮基與醛基皆為含有羰基的發色團，是主要
造成紙張黃化的官能基。而羰基也是有色有機化合物分子中常見的發色
團，當他遇到酮基與醛基時，會與之產生反應，大幅影響黃化的程度。
另外若羧基與羥基出現在同一分子中時，則會加深化合物的顏色[1]。

　　研究顯示，共軛酮基團（conjugated ketonic groups）是造成紙張泛
黃的主要發色團，在一定溫度下，會使黃化程度與溫度成正相關成長，
且在 C1 或 C6 同時存在酮基和醛基可能比單獨的酮基更易於黃化[2]。而
醛基和共軛二酮（M4H）上的羰基形成則分別是造成 UV 和可見光範圍
內紙張光學降解的原因[3]。除此之外，濕度有利於共軛二酮產生，因為

---

[1]　張承志，《文物保藏學原理》（北京：科學出版社，2010），頁 184-85。

[2]　C. CHIRAT and V. DE LA CHAPELLE, "Heat- and Light-Induced Brightness Reversion of Bleached Chemical Pulps," *journal of pulp and paper science* 25, no. 6 (1999): 204.

[3]　A. Mosca Conte et al., "Role of Cellulose Oxidation in the Yellowing of Ancient Paper," *Physical Review Letters* 108, no. 15 (2012).

水分子會提供額外的氧自由基，促進酮的形成，但卻會抑制醛基產生。因此將文物收藏於乾燥環境中可減少共軛二酮產生，避免黃化[4]。

另有 Conte 等人將羰基（醛基與酮基）與羧基分開研究，試圖瞭解他們各自對於提高發色團產生效率的作用，發現當羧基單獨存在時並沒有黃化作用產生，然而當羧基引發酸性水解作用，引起鏈結斷裂後，會產生新的還原端即為羰基。一旦產生這些羰基，羧基就會催化它們與發色團的反應。在現實世界的紙漿中，羰基與羧基總是一起存在，也因此會產生相互疊加影響的黃化作用。簡而言之，羰基是纖維素中造成發色團形成的主因，而單獨的羧基雖然不會引發黃化，但遇到羰基時就會具有促進發色團形成的作用[5]。

除此之外，在充分漂白且幾乎不受木質素影響的紙漿中，半纖維素為其變色主要根源，影響程度之大占整體變色的 50~80%。影響半纖維素變色的因素包含半纖維素種類、分子量大小以及羰基的含量多寡有關，其中又以羰基的影響程度為最大。而木醣又比甘露醣（Mannan）更容易變色[6]，因為木醣容易因氧化而生成羰基發色團與羧基助色團，進而形成黃化現象[7]。

Dupont 等人在研究中發現，有別於木質纖維素紙張降解後產生的大量香草酸與阿拉伯糖，純纖維素紙張降解後則明顯產生葡萄糖，並可將葡萄糖視為纖維素降解的指標；除此之外，在纖維素與半纖維素降解後，還會產生有機酸[8]。Shahani 等人則更進一步指出，將紙張置於自然

---

[4] Adriano Conte et al., *Experimental and Theoretical Study of the Yellowing of Ancient Paper* (2012), 572-73.

[5] Kyujin Ahn et al., "Yellowing and Brightness Reversion of Celluloses: Co or Cooh, Who Is the Culprit?," *Cellulose* 26, no. 1 (2019).

[6] 張豐吉，〈紙質文物的劣化〉，《故宮學術季刊》，4 卷 1 期（1986），頁 59-66。

[7] 張承志，《文物保藏學原理》，同前揭書，頁 185。

[8] Anne-Laurence Dupont et al., "Comprehensive Characterisation of Cellulose- and Lignocellulose-

老化的的環境中，會產生甲酸、乙酸、乳酸、乙醇酸、草酸等酸性物質，且會在數個月後累積到易於偵測的量，這些弱有機酸的產生，正是因為纖維素降解時，碳水化合物成分產生氧化作用而形成的[9]。

另外尚有 Lattuati-Derieux 等人使用頂空固相微萃取 （Headspace Solid-Phase Microextraction；HS-SPME）結合氣相層析質譜儀 （GC-MS）針對加速老化的書本進行揮發性的有機化合物分析與追蹤，檢測結果認定糠醛（furfural）與 5-甲基糠醛（5-methyl furfural）是全纖維素分解的相關產物，且會隨著老化時間而不斷增加，並被視為該本書籍老化過程中的最相關的降解化合物[10]。

由以上研究可歸納得知，纖維素與半纖維素老化後的相關劣解物可能為：甲酸、乙酸、乳酸、乙醇酸、草酸等弱有機酸類，以及糠醛與5-甲基糠醛等呋喃類化合物。

（三）水解與氧化之劣化機制

1. 水解（hydrolysis）

水解是紙張降解的主要因素之一，會造成纖維分子之間的鍵結被破壞，進而使分子量變小，聚合度降低。水解過程主要發生於連接兩個葡萄糖單元的 β-1,4-糖苷鍵上，當水分子進入時，水分子中的一個氫原子與原來的氧原子反應結合，在 4 號碳上形成羥基，斷開了原本的鍵結並產生新的鍵結末端。而水分子中剩下的氧原子與氫原子又於 1 號碳上結

Degradation Products in Aged Papers: Capillary Zone Electrophoresis of Low-Molar Mass Organic Acids, Carbohydrates, and Aromatic Lignin Derivatives," *Carbohydrate Polymers*, 68, no. 1 (2007): 1.

9   Chandru J. Shahani and Gabrielle Harrison, "Spontaneous Formation of Acids in the Natural Aging of Paper," *Studies in Conservation*, 47, no. sup3 (2002).

10 Agnès Lattuati-Derieux, Sylvette Bonnassies-Termes, and Bertrand Lavédrine, "Characterisation Of compounds Emitted During Natural And artificial Ageing Of a book. Use Of headspace-Solid-Phase Microextraction/Gas Chromatography/Mass Spectrometry," *Journal of Cultural Heritage*, 7, no. 2 (2006).

合成羥基，形成另一個新的鍵結末端為醛基（aldehyde group），因此被稱為還原端（reduced end），而研究表明醛基生成的數量又與斷鍵數目是相同的[11]。

水解通常主要發生於非結晶區，因為水分子可進入此區並與之反應，並有可能隨機發生於任何的鍵結上。

而根據 Stephens 等人的研究表示，水解反應的降解過程分為三個階段，在第一個階段中，非結晶區中的鍵結會先受到一次破壞，此時會造成纖維聚合度強度的大幅下降；而在第二個階段時，靠近非結晶區的末端部分會遭受第二次的鍵結破壞，此時僅會小幅度的降低聚合度，並產生少量的游離低聚物（free oligomers）。最後一個階段中所造成的聚合度是最微量的，因為此時的水解反應大部分只發生於從結晶區分枝到游離低聚物的非常短的非結晶區當中[12]。

2. 氧化（oxidation）

氧化是紙張降解的另一個主要因素，以純纖維的紙張而言，氧化其實是一個過程十分緩慢的化學變化，但某些情況下會加速這個過程，例如：氧化漂白的修復程序、暴露於含有紫光光波長的光線當中、受到鐵或銅等過渡金屬離子影響、空氣當中的氣體汙染等，都會加速此劣化進程[13]。

當纖維素吸收到紫外光以及空氣中的氧分子進而產生光氧化作用時會造成葡萄糖上的氫原子脫離，因而形成自由基。會觸發此種反應的氧化劑包括因吸收光而被激活的雜質、在漂白過程當中可能殘留的氯化物

---

[11] Gerhard Banik, Irene Brückle, and Vincent Daniels, *Paper and Water : A Guide for Conservators* (Amsterdam: Butterworth-Heinemann, 2011), 223-24.

[12] C. H. Stephens et al., "Hydrolysis of the Amorphous Cellulose in Cotton-Based Paper," *BIOMACROMOLECULES -WASHINGTON-* 9, no. 4 (2008): 1098-99.

[13] Banik, Brückle, and Daniels, *Paper and Water : A Guide for Conservators*, 228.

或過氧化物、在漂白二價鐵離子時可能產生的羥基自由基等[14]。最後的反應終止於兩個自由基形成共價鍵。

氧化作用可能發生於葡萄糖上的任一碳位，若發生在 C2、C3 可能會生成酮基，在 C6 可能會生成醛基，同時在 C1、C2、C3、C6 這四個位置也都可能被氧化為羧基。而當氧化作用發生於 C1 或 C4 時，會造成 β-1,4-糖苷鍵斷裂，使得聚合度降低。

（四）木質素與其劣化機制

植物中皆含有大量的木質素，所占含量僅次於纖維素，是構成植物細胞壁的成分之一，為植物構造中重要的黏合劑，可增強細胞相連並使細胞壁與纖維相互黏合，使纖維素能良好結合並保持束狀。木質素在各種木材中所佔的比例各不相同，於闊葉樹材占 18~24%、針葉樹材占 25~33%、草本植物中占 15~25%、樹皮與種穀占 45~50%[15、16]。

從化學結構分析而言，木質素是由芳香族組成的天然高分子聚合物，以苯基丙烷（Phenylpropanoid）為單元，為三維空間的立體鍵結所產生的網狀多孔結構，主要由三種醇單體所構成：對-香豆醇 （p-Coumaryl alcohol）、針葉醇 （Conifery alcohol）、芥子醇（Sinapyl alcohol），由這三種醇單體聚合而成的木質素又分別為：對羥基丙烷（hydroxy-phenyllignin，H-木質素）、癒創木基丙烷（guajacyl lignin，G-木質素）、紫丁香基丙烷（syringyl lignin，S-木質素）[17]。各樹種的

---

[14] Banik, Brückle, and Daniels, *Paper and Water : A Guide for Conservators*, 229.

[15] 陳嘉明，〈木質素的分離對其特性的影響〉，《林產工業》，10 卷 4 期（1991），頁 142-47。

[16] 林永展 and 劉恩男，〈木質素的化學成分與應用概況〉，《化工資訊與商情》，69 期（2009），頁 24-31。

[17] 林彥良，王升陽，and 曲芳華，〈紅檜、臺灣扁柏、臺灣冷杉、臺灣鐵杉和臺灣杉 caffeoyl Coa 3-O-Methyltransferase 基因之選殖與序列分析〉，《林業研究季刊》，30 卷 3 期（2008），頁 13-

木質素結構分布不一，不同的比例也造成不同的性質，其中針葉樹木質素以 G 結構單位為主，闊葉樹木質素以 G/S 結構單元為主，草苯類木質素則為三種類型分布不定。單元之間的鍵結形式主要為醚鍵（碳-氧）與碳鍵（碳-碳），又以前者為大宗，佔了 2/3~3/4[18]。

　　木質素的組成構造十分複雜，缺乏重複性單元結構之間的規律性與有序性，Glasser 等人於 1974 年使用電腦模擬針葉樹木質素的模型結構，計算出 81 種木質素可能的單位鍵結形式[19、20]，由此可看出其複雜的程度；又因木質素結構中存在許多極性官能基，形成眾多分子間及內分子的氫鍵，從而影響木質素的溶解度，使其不易溶於溶劑中[21]，要破解其結構並萃取，並非容易之事。

　　不僅製漿造紙工業致力於研究降解木質素的方法，以提升造紙品質的穩定性外，又因木質素是天然的高分子材料，具有多種利用用途，例如可將其分解產生之衍化物作為特定化學品[22]、開發為膠合劑原料[23]、橡膠補強劑與混凝土減水劑等，近年來亦被視為可再生的生物塑膠資源，故有許多針對木質素分離萃取方法而做的相關研究，常見的方法有：硫酸鹽法、亞硫酸鹽法、稀酸水解法、溶劑法、蒸氣爆破法等[24]。

24。

[18] 林永展 et al.，〈木質素分離技術及其於 pcb 之應用〉，《工業材料》，295 期（2011），頁 96-104。

[19] G. Glasser Wolfgang and R. Glasser Heidemarie, "Simulation of Reactions with Lignin by Computer (Simrel). Ii. A Model for Softwood Lignin," Holzforschung 28, no. 1 (1974): p9.

[20] 袁紹英 and 賴敏男，〈木質素的微生物分解〉，《食品工業》，12 卷 6 期（1980.06），頁 21-25。

[21] 林永展 et al.，〈木質素分離技術及其於 pcb 之應用〉，同前揭書，頁 100。

[22] 黃芳榮，〈木質素分解之衍生物的層析分析〉，《高雄工專學報》，15 期（1985），頁 295-306。

[23] 陳嘉明，〈木質素的分離對其特性的影響〉，同前揭書，頁 142。

[24] 林永展 et al.，〈木質素分離技術及其於 pcb 之應用〉，同前揭書，頁 96-99。

　　木質素造成紙張劣化進而產生泛黃現象，起因於其光氧化的劣化機制。其構造中有三個主要吸收光能的發色團：芳香 α-羰基類（Aromatic α- carbonyl groups）、共軛環碳碳雙鍵（Ring- conjugated double carbon-carbon bonds）、聯苯結構（Biphenyl structure）[25]，可吸收日光中 300nm 到 400nm 波長之間的紫外線[26、27]，使木質素變成激發狀態的高性能物體（excited state），產生自由單電體的自由基（free radical），而自由基又再與氧作用而形成有色的劣解物。

　　據相關研究指出，此種光化學反應可能經由下幾種途徑發生[28、29、30、31]：

　　1.含有苯羥類（phenolic hydroxygroups）結構吸收光能，將氫原子移轉至鄰近的激發態分子或自由基，因而被氧化形成苯氧自由基（phenoxyl radical），苯氧自由基又被氧化而形成有色劣解物，可能為醌體（Quinones）、醌甲基化合物（quinomethides）、環己二酮（cyclohexadienones）。

　　2.α-羰基類吸收紫外光，被激發至三重態（Triplet-state），進而抽取苯羥類化合物的氫原子，結果產生兩種自由基：苯醇自由基（benzyl alcohol radical）與苯氧自由基。苯氧自由基在與氧反應，形成有色劣解物；苯醇自由基則氧化還原為羰基結構，具有光敏化性

---

[25] 曾梧敬，〈紙質文物之光劣化防治〉，（國立中興大學森林學系碩士論文，2005），頁5。

[26] MICHAEL SEERY, "Saving Paper," https://eic.rsc.org/feature/paper-conservation/2020204.article. 2019/4/2 點閱

[27] 郭蘭生，〈木質素光學作用之原理〉，《漿與紙》，33 期（1983），頁 21-32。

[28] 張承志，《文物保藏學原理》，同前揭書，頁 180-182。

[29] 郭蘭生，〈木質素光學作用之原理〉，同前揭書，頁 21-32。

[30] 張上鎮，〈木質素在木質材料光劣化反應中的角色〉，《林產工業》，4卷2期（1985），頁 17-23。

[31] 曾梧敬，〈紙質文物之光劣化防治〉，同前揭書，頁 5-8。

（Photosensitizing），會再度加速光劣化反應。

3.α-羰基類吸收紫外光，變成激發態後將能量移轉給氧原子，進而產生激發態單重態氧（excited Singlet oxygen），後者又將苯羥類化合物氧化成苯氧自由基，苯氧自由基再與基態氧（Ground-state oxygen）作用，形成有色劣解物。

4.共軛環碳-碳雙鍵吸收紫外光後產生了光氧化作用，使得碳-碳雙鍵位置斷裂而形成松柏醛基（Coniferaldehyde group），進而又吸收光能產生激發態，形成苯氧自由基，苯氧自由基再與氧反應，形成有色劣解物。

在使用 FTIR 分析木質素劣解衍生物的相關研究中，張上鎮等人將杉木經過加速光照老化實驗 16 天後，發現 1720 cm⁻¹、1735 cm⁻¹、1770cm⁻¹ 吸收峰有明顯增加，其中 1720 cm⁻¹ 與 1735 cm⁻¹ 分別為非共軛酮基（unconjugated ketone）與羧酸基（carboxyl group），1770 cm⁻¹ 則可能為乙酸酚酯。而木質素苯環的特性吸收峰 1510 cm⁻¹、1593 cm⁻¹，與木質素其他的吸收位置皆有降低的情況，由此證實木質素經光照後會改變其化學結構[32]，且木質素與全纖維素在光氧化後會產生含有羰基、羧酸基、乙酸酚酯及其他酯類之衍生物。

類似的結論出現於李鴻麟等人的研究中，他們將由相思樹、麻竹、稻草、杉木原料分別製成的四種未漂白紙張進行 250 小時光照實驗後，皆在 1725 cm⁻¹ 吸收峰發現明顯增強，判斷其為羧酸類、羰基類的衍生物，而原本的木質素特徵峰 1510 cm⁻¹ 則已消失。同時比較第 1、5、10、50、100、250 小時的 1725 cm⁻¹ 吸收峰強度變化，發現劣化衍生物的成長會隨著時間而增加，其中又以杉木所產生的衍生物含量最多，因

---

[32] 張上鎮 and 張惠婷，〈未塗裝木質材料光劣化後之表面性質變化〉，《中華林學季刊》，30 卷 1 期總號 116 期（1997），頁 45-54。

而使其紙張 pH 值降的最低，而稻草原料的衍生物含量則最為少[33]。

　　另外尚有張資正等人將柳杉試片進行加速光照老化 600 小時後，發現 1740 cm^{-1} 之非共軛羰基（unconjugated C=O）吸收強度明顯增強，而 1510 cm^{-1}、1273 cm^{-1}、1462 cm^{-1} 與 1231 cm^{-1} 等木質素特性吸收強度則降低，判斷此現象為木質素降解產生羰基和羧酸基之劣化衍生物[34]。

　　在純粹使用木質素當實驗主體項目的文獻中，曾棓敬使用了球磨木質素，在經過了 50 天的日光照射實驗後，檢測發現 1725 cm^{-1} 的吸收峰強度明顯增加，表示有羧酸基化合物產生，另外在 1670 cm^{-1} 處出現肩峰（Shoulder），可能因對苯醌（p- quinones）形成而產生影響[35]。

　　上述四篇的研究結果幾乎相同，除了提到 1510 cm^{-1} 吸收峰的降低與消失外，也都提到了羧酸類、羰基類的特徵吸收峰的增加。除此之外，另有其它文獻也提到了不同的木質素衍生物，如 José Luiz Pedersoli Júnior 提及香草精（Vanillin）、香草酸（vanillin acid）、阿魏酸（Ferulic Acid）這三種為已知會對紙張造成劣化的木質素衍生物[36]；而 Anne-Laurence Dupont 等人亦表示，香草精已被證實為是木質素的降解產物，且降解的過程中還會產生大量揮發性酚類化合物，例如香草醛[37]；Michael Seery 則認為木質素的劣解會產生醌體與酮體進而使紙張黃

---

[33] 李鴻麟、張上鎮、谷雲川，〈原料對於紙張耐久性之影響〉，《林業試驗所研究報告季刊》，4 卷 3 期（1989），頁 137 - 52。

[34] 張資正 et al.，〈抽出成分對柳杉心材光氧化之安定性評估〉，《中華林學季刊》，42 卷 2 期（2009），頁 227-38。

[35] 曾棓敬，〈紙質文物之光劣化防治〉，同前揭書，頁 100。

[36] José Luiz Pedersoli Júnior, "The Development of Micro-Analytical Methodologies for Characterization of the Condition of Paper," in 9th International Congress of IADA (Copenhagen1999), p.111.

[37] Lattuati-Derieux, Bonnassies-Termes, and Lavédrine, "Characterisation Of compounds Emitted During Natural And artificial Ageing Of a book. Use Of headspace-Solid-Phase Microextraction/Gas Chromatography/Mass Spectrometry," p.126.

化[38]。

　　綜合上述可知，木質素劣解後所可能產生的衍化物為：羧酸類、羰基類、香草精、香草酸、阿魏酸、香草醛、醌體、酮類，且皆被研究者認為會對紙張造成進一步的劣化與黃化。

（五）其他

　　其他於造紙過程中所添加的物質，如蒸煮使用草木灰或碳酸鈣、施膠時所添加的酸性或鹼性施膠劑、漂白劑、使紙張產生不同特性的填料、幫助抄紙的懸浮劑、改變紙張顏色的著色劑等，皆有可能成為直接或間接的劣化變因。

　　除此之外，紙張在使用過程中所接觸到的物質，也會對其造成影響，如於紙張上用以書寫繪畫的各種媒材，包含墨汁、油墨、水彩、粉彩、蠟筆、壓克力顏料、礦物顏料、印泥、油性筆、水性筆、鉛筆、螢光筆、可擦拭筆、立可白與立可帶等，這些外加物質對紙張耐候性的影響亦不容小覷。

二、環境與人為因素

（一）溫度

　　溫度是用來表現物理冷熱程度的物理量，包含任何天然來源的或人工溫度產生的熱量。日光熱能即為地球最主要的熱源，影響範圍最為廣泛，室外的溫度會透過熱傳導從牆或屋頂傳入熱能至室內，也可能透過

---

[38] MICHAEL SEERY, "Saving Paper," https://eic.rsc.org/feature/paper-conservation/2020204.article.

滲透的方式，經由多孔隙的物質進入，或藉帶有熱能與溼氣的空氣從一個空間移動到另一個空間，如熱風可從門窗或隙縫進入室內。而建築物內的溫度來源也包含燈光與電器產品所產生的熱能，如燈泡、投影機與印表機等。人體本身亦是熱源之一，在一般的情況下，對空間溫度的影響有限，但據研究指出，展覽廳的微環境亦會受到同時間大量人群聚集的影響。

紙張纖維素中的適當的水分含量可保持紙張的柔韌性，過高的溫度會造成紙張內部水分蒸發，致使纖維素結構遭到破壞而呈現乾燥脫水狀態，因而物理結構強度下降，紙張出現紙力薄弱與脆化等現象。高溫會加速紙張劣化的化學反應，包含光、酶、水解與氧化作用等，溫度每增加 10℃，進行中的化學反應會增加一倍速度。高溫環境亦利於蟲菌生長，溫度每增加 10℃，微生物生長速度也會相對增加一倍。除此之外，溫度的改變亦會影響相對溼度，每降溫一度，相對濕度就會升高3%。在預防性維護的環境控制條件中，溫度的瞬間波動對紙張造成的損害最大，因此在監控微環境時，除了需控制溫度於一定範圍區間外，溫度每月與每日的波動幅度，亦是觀察重點。

（二）相對濕度

文物保存環境中的影響因素除了溫度外，另一個重要的變因為相對溼度（Relative Humidity，簡稱 RH），指稱在固定體積內且同一溫度下，空氣中實際含有的水氣總量，與該溫度下最大水氣總量的百分比數值（最大水氣總量即為水氣含量達到飽和狀態，相對濕度即為百分之百，又稱為露點）。當溫度改變時，空氣中的水氣含量就會改變，意即相對濕度跟著改變。當溫度較低時，空氣中可容納的水氣較少，因此較少的水氣即能達到飽和程度，此亦說明低溫環境常伴隨著較高的相對濕

度；同理而論，溫度提高時，空氣中可容納水氣量增多，不容易達到飽和，因此相對溼度通常較低。

紙張中的植物纖維含有羥基，羥基為親水基，其數量與纖維素的分子聚合度大小成正比，使紙張纖維具有吸濕的特性。而在纖維表面有著微細毛細管，透過毛細作用保持水分液體的流動，對外部濕度非常敏感。紙張纖維需要維持一定含水量以保持必要機械強度與柔韌性，常溫下大多數紙張含水量約為 7%。乾燥環境易使紙張造成強度下降或脆化等劣化狀況，潮濕環境則易破壞纖維素間的氫鍵結合力，引起纖維水解作用，或因紙張中原含有的金屬離子催化劑遇水溶解產生酸性物質，亦會造成水解作用。高濕環境也會使耐水性差的媒材吸濕而溶解，如染料與水溶性顏料等，除此之外亦會加速紙張吸收空氣中有害氣體，並使有害塵粒容易附著且受潮溶解，進而生成具腐蝕性的酸性劣化物質。高濕環境也有利微生物生長繁殖，使紙張產生霉斑、變色，並遭受所衍生之有機酸侵蝕，致使紙力下降、變脆。

（三）光照

影響紙張劣化的光源包含自然光源與人工光源，自然光源即為日光，人工光源包含了蠟燭、白熾燈、螢光燈、鹵素燈、光纖燈、LED燈等，依波長範圍又可分為可見光、紅外光與紫外光。光輻射中的能量為造成光老化的重要影響因素，每種分子的分子鍵斷裂所需的能量都不一樣，亦可能與氧、水與汙染源相互作用而引起反應。

光照對紙質文獻的傷害包含了輻射熱及相關化學反應，造成的劣化影響諸如紙張暗化、黃化、褪色、纖維素降解、聚合度降低、紙張物理強度下降，亦會對顏料染料造成變色、褪色與漂白等劣化現象。光照的波長越短則能量越強，所具有的破壞性也越大，根據研究指出，波長每

減少 80 至 90nm，劣化反應即增強十倍。紫外線波段即為波長在 10nm 至 400nm 之間的短電磁波，長期照射易使紙張降解造成嚴重損壞；紅外線為波長在 760nm 至 1m 之間的長電磁波，伴有輻射熱所引起之高溫傷害問題。

紙張纖維素吸收短波長的紫外線後，因其能量較高，造成有機化學鍵結斷裂形成光降解作用。除此之外，光照亦會催化纖維素與氧的反應，造成光氧化作用，並造成纖維素分子中的部分鍵結斷裂，使聚合度降低而造成紙張機械強度下降。另有因存在於紙張中的各汙染源與光產生反應進而造成的光敏降解作用，其中汙染源來源甚多，包含造紙過程中所添加的填料、懸浮劑、染色劑、輔助物質及金屬設備中的銅鐵離子等，除此之外附著於紙張基底材上的書寫媒材中亦可能含有光敏感性之染料。這些汙染源與光作用後可能產生氧化反應或水解反應，甚或兩種反應同時進行，因而造成紙張纖維降解。

木質素於光氧化劣化機制中亦扮演重要角色，其構造中有三個主要吸收光能的發色團，在吸收日光中 300nm 到 400nm 波長之間的紫外線後，會產生自由基，自由基再與氧作用會形成有色劣解物，除此之外亦會造成長纖維素鍵結斷裂，聚合度降低，材質強度降低。

光照傷害並非停止光照即結束，而會持續性進行，就算長期照光後再重新收藏於無光線處，光劣化造成的化學反應仍會於黑暗中持續作用。因光照所造成的傷害往往並非立即顯現，短時間內肉眼可能不易察覺，因而容易被輕忽，展覽場地所使用之照明光線為預防性維護之重點所在，庫房若引光線入內，亦須謹慎為之。一般民眾於居家展示紙質藏品時，須注意長期曝曬之問題，尤以染料類媒材更須注意。

（四）空氣汙染

空氣汙染來源有天然與人為兩種，天然來源如火山爆發中所夾帶的火山灰、二氧化硫、碳氫化合物等，人為來源大多為現代化生活副產物與輕重工業生產過程中的產物，如汽車、飛機、機車等交通工具所造成的灰塵與排放於大氣中的汙染微粒等，又如工業製程與石油精煉時所產生的。汙染的過程又分為一次汙染的直接汙染，及不穩定的一次汙染物與空氣中原有成分繼續發生反應，或汙染物與汙染物相互發生反應而產生的二次汙染，甚或有一次汙染與二次汙染所產生的混和汙染物。整體而言，空氣汙染物種類十分廣泛，除上述提及之二次汙染物外，亦包含氣狀汙染物、粒狀汙染物等。

氣狀汙染物又可分為酸性有害氣體與氧化性有害氣體，酸性氣體如二氧化硫（SO_2）、二氧化氮（NO_2）、硫化氫（H_2S）、氯化氫（HCl）與一氧化氮（CO_2），其與水分溶解化合時即會產生酸性物質，對紙張纖維造成如水解作用，或使媒材褪色變色，甚至產生強酸腐蝕紙張等。氧化性氣體如氯氣（Cl_2）、二氧化氮（NO_2）與臭氧（O_3），與水分結合後會使紙張纖維產生氧化作用，進而造成纖維降解、紙張變脆及媒材漂白褪色，甚或不斷產生新氧反覆循環氧化作用。

而粒狀汙染物為懸浮於空氣中的落塵、微粒、含金屬氧化物之微粒、碳粒黑煙、含酸性物質之煙霧等。可能造成紙張表面物理性的機械摩擦傷害，或影響畫面清晰度與遮蓋媒材彩度，或塵埃中的酸、鹼、鹽，引發受潮紙張纖維的水解作用，產生劣化物如沾黏性物質或酸性腐蝕物質。亦可能挾帶黴菌孢子進行傳播，造成微生物寄生進而繁衍。

除室外汙染源，室內汙染源亦包含人體所排放之二氧化碳，以及建築裝潢材料中的甲醛、家用清潔劑、亮光漆、殺蟲劑與油漆塗料等所含有之揮發性有機物（凡參與光化學反應之有機物皆稱之），尤於密閉環

境中更要對「密閉建築症候群」提高警覺，因室內空調有可能會將有害的揮發性氣體循環散佈至整棟建築物。

（五）生物病蟲害

紙張書籍的最容易產生的生物病蟲害有兩種，分別為微生物危害與蟲害。

微生物主要分為細菌與黴菌，黴菌又屬於絲狀真菌類，普遍存在於自然界，其結構十分複雜，繁殖力強且迅速，藉由空氣中的氣流以孢子進行傳播。可以目視及顯微鏡觀察其巨觀至微觀之特徵與構造，亦可於文物表面以棉花棒採樣，使用相關儀器進行分子檢測以確定菌種。黴菌在生長過程中，會分泌酵素酶，將紙張中的有機化合物分解為自身可吸收的小分子養分，造成纖維素與木質素加速水解，嚴重破壞紙張機械強度。而中式古籍常有的附加裝訂材料如縫線與澱粉糊等，因含有纖維素與蛋白質，也易為黴菌所分解而產生劣化，使書籍結構毀損脫落。黴菌亦會於紙張上分泌色素，形成難以清洗的黑色、白色、綠色與褐色等各色沉澱色素，即為霉斑，其化學成分十分複雜且大多數為非水溶性，亦有可能掩蓋紙張上原本的媒材，甚而使之變色與褪色。黴菌在呼吸代謝過程中，不僅會使紙張濕度增加，更容易產生沾黏情形，其代謝產物也會產生有機酸（甲酸、乙酸、乳酸等），造成紙張酸度提高，因而加速水解等劣化反應，除此之外，少部分的黴菌還會分泌毒素，藉由手部觸摸轉移至身體其他部位，進而危害人體。

昆蟲類動物喜食澱粉、膠質等有機物質，故常啃食紙張書籍造成結構危害，多於紙頁邊緣或中間造成不規則蛀傷或蛀穿。昆蟲的排泄物也常使紙張染上黑色、褐色與白色的明顯髒汙，不僅會遮掩媒材，亦會因其酸性物質引起或加速劣化反應。一般常見的紙張蟲害包含有蟑螂、衣

魚、菸甲蟲、書蝨、地毯甲蟲、衣蛾、白蟻與粉蠹蟲等。

台灣地區蟑螂的約有五十多種，多於夜間活動，可短距離飛行，喜歡高溫潮濕的環境，喜歡啃食紙張、澱粉類，排遺造成紙張汙損。書蝨屬於昆蟲綱囓蟲目書囓科，又名囓蟲，常見品種約有 150 種，體型小類似鳥蝨，身長約 1~4mm，肉眼可見，喜歡生活於攝氏 25 至 30 度、相對濕度 75%至 90%的陰暗環境。喜歡啃蝕書緣和裝裱用的漿糊，或以黴菌、真菌及昆蟲屍體為食。

衣魚又稱為銀魚或蠹蟲，屬於纓尾目，長形身軀，尾端有三根長鬚，全身布滿銀色鱗片，喜歡生活於攝氏 22 至 27 度、相對濕度 75%至 97%的環境，數月不進食依然可存活，壽命約二至三年，全世界約有三百多個品種，行動十分迅速，喜歡啃食紙張、漿糊與棉麻絲品，包含澱粉類與高蛋白類。

菸甲蟲為鞘翅目朱甲科之完全變態昆蟲體，生物學上的名稱為「鋸角毛竊蠹」，體長極小，成重身長約 2.5~3mm。以夜間活動為主且具趨光性，具假死性，喜食菸草、澱粉等，喜歡高溫潮濕的環境。繁殖力驚人，雌蟲產卵可高達 100 粒，幼蟲會在紙張書籍中鑽洞打孔，形成深邃的不規則孔道。

若藏品未完全除蟲，或人員進出夾帶蟲卵，或展櫃、庫房清潔不善等，再加上溫濕度控制不當形成微生物與昆蟲利於生長之環境，則會造成上述之危害，甚而影響相關管理人員之健康。

（六）人為因素

人為因素所造成的書籍文物危害亦不容小覷。管理文物人員與會接觸到文物的人員若在文保專業知識的養成及訓練上不足，可能對文物造成直接或間接的傷害，例如對環境控制之理論標準與方法認知不清，有

可能因不理解規範之重要性並未徹底實施預防保護之標準，亦或實施上遇到問題無法解決等，都可能直接或間接形成人為控制不當的環境，使展藏環境條件持續惡化，進而造成無法彌補的傷害。又例如人員未正確認知持拿與碰觸各種不同材質文物的方式，甚或處理經驗不足，在接觸文物的過程中產生碰撞、掉落、折損、戳毀等直接損害文物之行為等，亦為憾事。由此可知，除了謹慎管控展藏環境各項條件外，亦不可輕忽相關人員專業知識教育訓練之重要性。

除上述所及之專業館所有可能發生的人為危害因素外，居家場所可能發生的人為傷害更為多元，如翻閱書籍不當造成的褶痕，食物殘渣沾黏於紙張上形成的油漬與髒汙，不慎打翻的飲料或水所造成的水漬、汙漬、潮痕、沾黏甚或發黴，將書籍長期放置於太陽直射之處造成媒材褪色，隨手放置的書籍長年累積灰塵造成劣化等，皆為生活中常見造成紙張書籍劣化之案例。

（七）天然災害與其他災害

風災與地震為不可控之天然災害，火災與水災則有可能為人為引起，亦可能為天災所害。建築物老舊亦可能因水管管線老化、頂樓積水或窗戶密閉性不佳等，而導致書籍淹水受潮，進而產生水損、黴害與沾黏等狀況。其他諸如戰爭、人為破壞與盜竊等，都是典藏館所與居家環境可能面臨的風險災害之一。

第三章　古籍劣化狀況

一、中式古籍紙張常用原料

（一）麻紙

　　麻紙即為以麻料纖維為原料而製成的紙張，中國種麻與用麻的時間起源很早，《詩經》中即有相關記載，可知的最早時間可推至春秋時期，敦煌出土文物亦可佐證。麻類植物為一年生草本植物，因其纖維中木質素與果膠含量少，容易製成紙漿，因此在「縑貴而簡重，並不便於人[1]」的年代中率先被使用於造紙嘗試，成為了最早用於造紙用途的植物纖維。中國相關的出土文物如羅布淖爾紙、居延紙、灞橋紙、居延金關紙、扶風中顏紙、敦煌馬圈灣紙等皆被認為是屬於漢代時的麻紙，多出土於河西走廊，亦有少數出自河西走廊以西及以北，此些古紙大多數無文字記載。

　　常用於造紙的麻類纖維有三種，分別為大麻、苧麻、亞麻，據現代科學對古紙的分析，其中又以大麻與苧麻為多，來源多取自布料。麻纖維較為粗糙，初期所造的麻紙紙面不平滑，墨色飽和度低，紙面為黃色，又稱硬黃紙，後因漂白技術出現後才生產出品質較佳的白麻紙。麻紙之所以可以搶先其他植物纖維拔得造紙用料的頭籌，除了因為生產量大，製漿方便也可使製作成本降低外，且秦朝統一後，社會文化已發展

---

[1] 〔南北朝〕范曄撰，《後漢書》，同前揭書。

至急需簡便又便宜且具革新性的書寫材料。

種種社會環境因素，再加上東漢鄧太后的促成下，蔡倫於西元二世紀時改進了造紙技術，使其可以大規模製作，據《北堂書鈔》引〈董巴記〉講述蔡倫造紙：「生布作紙，絲縑如故麻名麻紙，木皮名穀紙，故網紙也[2]。」但此時還尚未取代簡牘與縑帛的地位。東漢學者崔瑗在私人信件中提到贈書予友人，卻因貧窮只能用紙而致歉「貧不及素，但以紙耳[3]」，可見當時縑帛的文化地位仍在紙之上，因此紙尚不夠正式足以作為特地用途，如不能當作抄經之用。

直至東漢末年，造紙技術開始改善，著名的「左伯紙」即出現於此時，其質「研妙光輝」，與筆、墨技術相互輝映，推動了書畫藝術的蓬勃發展。漢末時期，文人大多已開始使用紙張書寫，因其不僅可長篇幅書寫，又能完美與筆墨系統結合，晉代時開始出現讚美紙張的文辭，西晉初即已紙簡併用，甚至西晉晚期時，簡牘已逐漸消失。此時麻紙技術已到巔峰，更出現了高級白麻紙，米芾提到王右軍的《筆陣圖》所用之紙，稱其「紙緊，薄如金葉，索索有聲[4]。」東晉末年恒玄下令宮中將簡牘更換為黃紙，而後更有南朝劉宋時代的「張永紙」、齊高帝令造紙官署所作之「凝光紙」，致使魏晉南北朝的造紙技術愈發成熟，並與文化發展相輔相成，如抄書與抄經風氣盛行、官府藏書增多、促進書法字體演進與出現紙本繪圖等，使得用紙量大增，進而更間接影響了印刷術的發明與興起，然為因應紙張需求急速擴展，出現了比麻紙原料成本更便宜的樹皮與竹料，而後皮紙用料比重也越來越多，麻類逐漸卸下從漢代至唐代的造紙原料的主角光環，但仍在多地小規模製造。

2　〔唐〕虞世南撰，《北堂書鈔》，清嘉慶間(1796-1820)陽湖孫氏影宋鈔本。

3　同前註。

4　〔宋〕米芾撰，《寶章待訪錄》，明萬曆 18 至 19 年(1590-1591)王元貞金陵刊本。

（二）皮紙

以木本植物的樹皮纖維為原料進行抄造的紙張即稱為皮紙，皮紙質地細柔澤麗，呈現出不同於麻紙的特性。古代常用的樹皮種類有三種，分別是楮樹皮、桑樹皮與藤樹皮。古籍裡記載東漢蔡侯所製之紙，謂其「用故麻名麻紙，木皮名穀紙，用故漁網做紙名網紙也[5]。」東漢許慎在《說文解字》中解釋穀字：「穀，楮也，從木者聲[6]。」可知在西元 3 世紀時即已出現以楮皮製成的紙張，時人稱之為穀紙。楮樹於先秦時期的典籍中即有記載相關種植紀錄與應用之法，後魏農學家賈思勰在《齊民要術》中亦提及楮樹栽種即可用來造紙以創造更高利潤價值，顯示出相當的造紙規模。桑樹皮利用於造紙則約起於魏晉時期，其纖維素含量高，纖維細長，所製之紙強韌，原本種植桑樹是為了養蠶以生產絲織品，《文房四譜》上記載有「桑根紙」，應為桑枝所製之紙，此為桑皮紙首見於文獻中。藤樹皮所製之紙最早問世於晉代，其紙性滑、牢，又有不同顏色，常作為抄印書籍、謄寫公文與書法撰寫等用途，然其生長地區有限且生長速度緩慢，再加上砍伐過度，於唐代時被竹紙逐漸取代，直至宋代已沒落式微。

（三）竹紙

竹子在亞洲的種植範圍廣闊，古人很早即開始以竹子製作日常器具用品，但以竹製紙的起源的確切年代有多種說法，最早提及竹紙之文獻可追溯至唐代，研究認為其發明年代不晚於唐中葉，當時麻類為織品的主要原料，藤類則因砍伐過度逐漸消失，竹料逐漸取代前二者成為主要

5　〔漢〕劉珍等撰，《東觀漢記》，民國中華書局四部備要排印本。

6　〔漢〕許慎撰，《說文解字》，清孫星衍重校刊本。

的造紙原料，宋代蘇易簡《文房四寶》中提到當時浙江以嫩竹造紙，摺疊之處容易裂開，說明竹紙技術還在試驗階段，因竹子纖維粗硬，打漿不易，故多用木質素較少的嫩竹為原料，長時間蒸煮成漿進行抄紙。至南宋施宿則提及竹紙的五大優點，滑、發墨色、宜筆鋒、墨不渝與不蠹，其可證實竹紙技術後漸至成熟，從宋元一直到明清，竹紙始終為紙類大宗。

（四）其他

除了麻、皮與竹為造紙主要原料外，亦有使用稻麥草料纖維作為搭配，如著名宣紙即使用檀皮與稻草進行抄造，明代時大量用於書畫創作。

二、中式古籍常見劣化狀況

（一）黃化、褐化

紙張纖維因溫度、相對濕度、紫外線或酸性劣化物致使分子發生變化，進而影響發色團，產生泛黃或出現深褐色的變色現象，有時會發生於局部區塊，有時則是整張紙頁或整本古籍都受到影響。書籍中的黃化與褐化發生區域，常與鄰近頁面的發生範圍相近，上下相疊，有可能因劣化物質上下相互汙染影響所至。黃化與褐化的顏色深淺亦會隨時間愈久而越深，直至達劣化曲線之極限後而停止。（以下圖片色彩效果可參閱電子書）

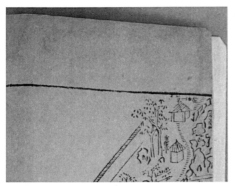

圖一：整頁黃化　　　　　　　　圖二：書緣黃化

（二）潮痕

　　紙張書籍曾受水損或被置於相對濕度較高的環境，在紙張乾溼不均的情況下，潮濕處的髒汙與劣化物被水溶解，因毛細現象往乾燥處蔓延，也因此持續將髒汙與劣化物帶至乾燥處，待完全乾燥後，即於原本潮濕區與乾燥區的交界處留下深色暗痕，此即為溶解攜出之髒汙與劣化物質沉澱堆積於此處而造成。

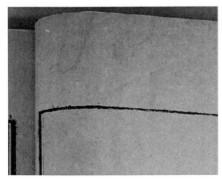
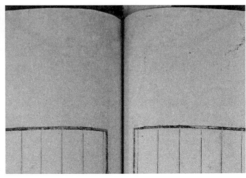

圖三：潮痕　　　　　　　　　　圖四：水漬

（三）褐斑

　　褐斑常見於紙質文物表面，出現樣貌多樣化，多為點狀或片狀，體積或大或小，顏色多為黃褐色，但深淺不一，有時僅零星分布於書頁少數幾處，有時佈滿整張頁面甚至蔓延全書，影響書籍紙張之美觀與完整性。產生該劣化現象原因可能源自真菌類微生物及金屬離子影響，生物性褐斑在紫外線照射下會呈現螢光反應，以掃描式電子顯微鏡觀察則會看見其菌絲與孢子，褐斑處亦受真菌排泄物影響使酸鹼值下降而呈現酸性；受金屬離子轉移影響而產生的褐斑在紫外線下無螢光反應，因鐵離子吸收紫外線而呈現黑色。

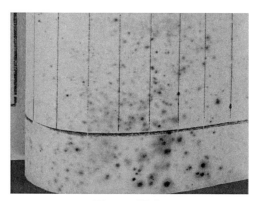

圖五：褐斑

（四）鐵鏽

　　紙質文物因受鐵離子轉移影響而產生氧化物，該劣化物質不僅使汙染處變成褐色、黑色，也會破壞纖維素結構，使紙張聚合力下降，造成紙張焦脆且逐漸碎裂，嚴重影響整體紙張書籍的結構、可閱讀性及美觀完整性。常見的汙染來源通常來自固定紙張的迴紋針、釘書機、騎馬釘，甚至造紙過程中使用了含有鐵、錳的地下水或金屬製成的烘乾板等。

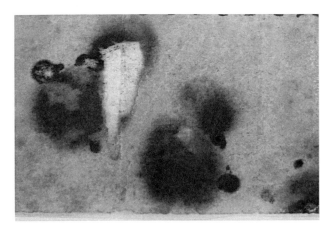

圖六：鐵鏽

（五）髒汙、異物

　　髒汙與異物皆為附著於紙質文物表面或夾藏於縫隙之中的外來有害物質，包含空氣中夾帶的微生物與落塵、囓齒動物與昆蟲留下的排遺或屍體、油垢及殘渣碎屑等，絕大部分為酸性，受環境溫溼度影響，高溫高濕容易使其加速劣化，該物質的劣解物又會進一步影響紙張，造成酸化、氧化進而使紙張聚合度降低、紙力下降、局部變色，也可能因接觸摩擦而損害基底材或媒材表面，甚而遮蔽文字內容，影響紙張書籍整體美觀與完整性。

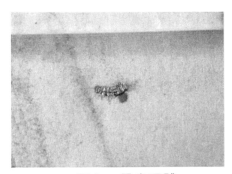

圖七：昆蟲屍體

圖八：髒汙

（六）嵌埋

嵌埋為鑲嵌於紙張纖維中的外來物，除非破除紙張表面否則無法取出，大小不一，常使紙張表面突起，平面不整，可能是造紙過程中留下的材料碎屑顆粒，或刻意添加的裝飾材料，也可能是昆蟲於纖維間啃食攀爬時，所遺留的排泄物。有些嵌埋之物易受高溫高濕環境影響，進而造成紙張纖維劣化，有些是因為本身的收縮膨脹係數與紙張纖維有所落差，在脹縮之間造成纖維破壞，或使表面凹凸不平。

（七）活黴、黴斑

真菌類附著於紙張書籍上生長即為活黴危害，其孢子會持續散播汙染文物，生長形狀、顏色與型態各異，喜歡超溫潮濕且不通風的環境。生長過程中會分泌酵素酶以分解有機化合物進行吸收，造成纖維素與木質素加速水解，嚴重破壞紙張機械強度與結構，亦會於新陳代謝過程中，增加濕度造成沾黏，並產生熱量加速劣化，其代謝產物也會產生有機酸（甲酸、乙酸、乳酸等），造成紙張酸度提高。除此之外，少部分的黴菌還會分泌毒素，藉由手部觸摸轉移至身體其他部位，進而危害人體。

圖九：活黴

　　黴菌亦會於紙張上分泌色素，形成難以清洗的黑色、白色、綠色與褐色等各色沉澱色素，即為黴斑，其化學成分十分複雜且大多數為非水溶性，亦有可能掩蓋紙張上原本的媒材，甚而使之變色與褪色，亦會掩蓋紙張文字資訊，影響可閱讀性與畫面美觀。

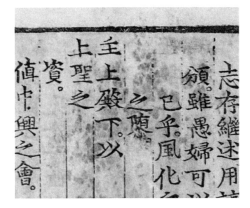

圖十：黴斑（一）　　　　　　　　圖十一：黴斑（二）

（八）水漬、膠漬、油漬

　　外來有害物質深入紙張纖維，造成進一步的劣化影響，可統稱之為汙漬，又可將此有害物質依種類分為水漬、膠漬與油漬。水漬主要是由水分入侵所引起，不僅溶解出髒汙與劣化物質，並透過毛細現象持續擴散，使水損區域顏色較為暗沉，因而留下水漬痕跡。膠漬則指黏著劑遺留於紙張表面時所產生的痕跡，因膠體不斷持續劣化進而影響紙張，會造成嚴重酸化、變色與紙力下降，也容易因沾黏造成自身或其他文物的二次傷害。油漬則是油脂滲入紙張纖維所留下的痕跡，因油脂取代空氣填滿纖維內部空間，改變紙張折射率，使該區域變半透明狀，油漬存在的時間越長，會使該區域顏色越趨深褐，並改變紙張化性呈現硬脆狀態，容易龜裂或整片掉落。

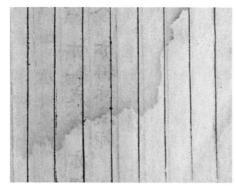
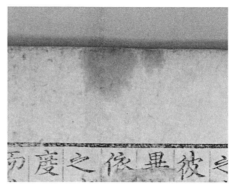

圖十二：水漬　　　　　　　　　　圖十三：汙漬

（九）昆蟲排遺

　　昆蟲的排泄物常使紙張染上黑色、褐色與白色的明顯髒汙，接觸空氣後會產生薄膜，造成目視光澤感。不僅會遮掩媒材影響紙張資訊可讀性與整體美觀完整度，亦會因其酸性物質引起或加速劣化反應，一旦發現應盡速移除，若有卡在紙張纖維深處者，可搭配實體顯微鏡，以針錐、手術刀與鑷子輔助移除。

（十）焦脆

　　紙質文物因為熱、火與酸性物質影響，嚴重破壞纖維聚合度，造成紙力弱化，紙張變色呈深褐色，結構脆弱易破裂成碎屑，難以黏合復原。常發生於老舊紙張的四周，或是訂書針、迴紋針等金屬物質接觸之處，或是裱板與木框的掩蓋之處。處理方式應立即判斷造成焦脆的因素，並移除相關劣化物質，進行加固、螯合或鹼化等修復處理。

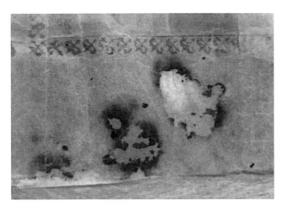

圖十四：焦脆

（十一）平面變形、起皺、皺曲、摺痕

　　紙張文物表面易受各種因素影響，而產生不同於平整的物理結構現象，如平面變形、起皺、摺痕與皺曲。平面變形主要是指平整表面的周圍邊角或中間有突起或翹起的現象，書籍尤容易因溫濕度變化產生脹縮而造成表面不平整。起皺通常是因紙張受潮後於重新乾燥過程中收縮不均而造成，多呈平行波浪紋。皺曲則是起伏較小的凹凸紋路，亦受乾燥時收縮不均因素影響，多發生於兩種相黏材料脹縮係數不一，一方被另一方黏住無法伸展時，例如紙張孔洞經過隱補後，若修補紙材選擇不當，則會於孔洞周圍發生皺曲現象。摺痕是紙頁翻摺而造成的壓痕，常發生於書籍邊角，但偶因裝幀時失誤而發生在內頁中央，壓摺處的紙力會隨翻摺次數與時間拉長而持續下降，最後可能於該處產生斷裂的劣化情形。

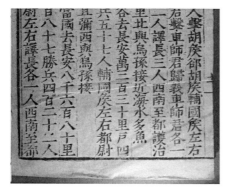
圖十五：摺痕

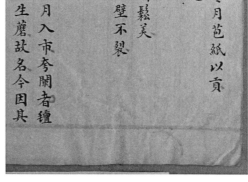
圖十六：起皺

（十二）缺失

　　紙質文物因外在因素造成部分結構缺失，如囓齒動物與昆蟲啃咬、外力撕裂破壞、壓折斷裂、鏽蝕現象及焦脆脫落等，造成文字資訊遺失，畫面不連續，破壞文物完整性。

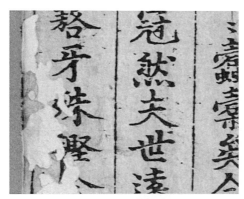
圖十七：蟲蛀缺失

圖十八：大面積缺失

（十三）切斷、撕裂、斷裂

　　切斷與撕裂皆是因為外力施加而造成紙張結構分離的傷害現象，切斷是使用尖銳刀具造成，於裂痕處呈現線型的俐落邊線，撕裂則是纖維

內的鍵結能量被破壞，破壞順序一鍵結強弱而有不同，故裂痕處的纖維排列不一，呈羽化的毛邊狀態。斷裂不同於前兩者，可能是遭外力影響，如持拿不當、翻閱不當而造成的結構分離，也可能是原有的壓褶痕的結構經長時間受損，紙力持續下降導致最終斷裂，古籍最容易發生斷裂處即為書頁之書口處。

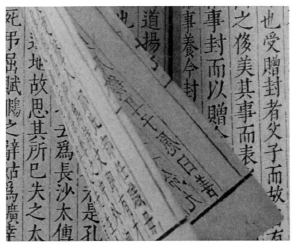

圖十九：書口斷裂

（十四）粉化

粉化指紙張纖維交織能力降低，使紙張強度降低，結構變得鬆散，表面產生絨毛狀，並易形成粉末掉落，常見於紙張水損及黴害後伴隨的劣化現象，嚴重者會造成紙張文物大面積缺失，恐遺失文字資訊影響書籍可讀性及其歷史研究價值。

（十五）脫水

紙張纖維需要一定的水分維持穩定的物理機械強度，當紙張處於相

對濕度較低的環境時，因自動調節濕度的特性，纖維會釋放自身水分以調節適應該環境條件，此時容易因過度乾燥而造成脫水現象，進而使纖維緊縮，造成書籍紙張尺寸縮小，不僅內部結構被嚴重破壞，亦使其失去原始樣貌。

（十六）沾黏、黏塊現象

書籍紙張再或受到黴害時，容易因黴菌的新陳代謝產物進而增加紙張濕度，導致發生沾黏情形，昆蟲啃食處也常因其黏性分泌物或排泄物而於缺失處發生紙頁沾黏。更嚴重的情形通常為書籍經歷水損災或久置於高濕度環境後，產生黏塊現象如書磚，可能數頁黏合或至全書結塊，無法輕易分開，需視情況以溫度、小分子水分協助與以揭離。

（十七）褪色

褪色即為媒材失去原有彩度，顏色變淡甚至消失，影響古籍的可讀性與其歷史研究價值。造成該劣化現象的因素有很多，包含光照、溫度、水分、空氣中汙染物、化學藥劑等，都可能與媒材形成反應，其中有機類媒材的呈色機制主要仰賴足夠龐大的共軛體系，當該體系被破壞時，於結構鏈結處造成層層變動致使化合物的吸收波長改變，進而改變顏色深淺。

（十八）暈開

暈開是指水分滲入媒材造成溶解移動，使該媒材筆觸之銳利邊界模糊化，通常發生於水損災害之後，或將書籍置於相對濕度較高的環境而引發此種劣化狀況。古籍中多使用墨汁、硃砂書寫與印泥鈐印，若黏著

劑逐漸隨年歲弱化，則媒材暈開風險亦相對提高，於修復前須先謹慎以
點狀測試判斷，方決定是否於濕式處理前先行以純化明膠加固。

圖二十：暈開

（十九）滲移

　　滲移是指紙張上的媒材或黏著劑轉移至相鄰頁面，移轉方式以書籍
平放時之垂直方向，向上或向下轉移，有時僅滲至前後頁面，有時亦會
跨越數頁皆有，攤開書頁實則鏡向方式呈現，可能是紙張與媒材或外在
因素發生化學反應，如油墨中的油脂或木質素本身的劣化衍生汙漬等。
會汙損紙面，有時甚會掩蓋文字內容，影響畫面美觀。

圖二十一：滲移

第四章　中式古籍維護與修復

一、保存環境

（一）溫度與相對溼度

　　溫度於文保典藏的控制因素中至關重要，所謂溫度是泛指任何天然來源或人工溫度所產生的熱能，與相對溼度息息相關又相互影響，一般而言，溫度上升會加速紙張水解與氧化反應，並創造有利微生物生長的環境，而溫度每增加 10℃，亦會使進行中的化學反應增加一倍速度。不同材質的文物適用於不同的溫度標準，而不同地區的氣候亦會影響典藏環境的調整方針。針對有機文物，一般將標準控制於 22±2℃ 的範圍內，又為避免瞬間的溫度波動劇烈影響保存環境之穩定度，因此希望能更進一步控制溫度於一定時間內的浮動範圍，根據〈國立故宮博物院文物展覽保存維護要點〉標示，需控制溫度於 24 小時內震盪不超過 2℃，30 天內溫度震盪不超過 4℃，避免瞬間溫差波動過大。

　　相對溼度一般指稱於固定體積內，某一已知溫度下，空氣所含的實際水氣總量，與該溫度下最大水氣總量之比的數值，表示單位為百分率值。而適用於紙質典藏與展示環境的標準為 50%～60%，紙質文物需要維持一定的含水量以保持必要的機械強度，過於乾燥的環境易使紙張脆化，但若溼度過高，也會造成水解、媒材溶解、加速有害氣體吸收、使有害塵粒附著溶解等，亦有利微生物生長。根據〈國立故宮博物院文物展覽保存維護要點〉標示，有機物展藏相對溼度需控制於 24 小時內震

盪不超過 5%，30 天內溫度震盪不超過 10%，避免短時間的劇烈變動造成文物不可逆之劣化。

專業館所通常利用中央空調進行溫溼度控制，以前多使用毛髮溫溼度偵測儀或電子式溫溼度偵測儀進行溫濕度監控，而現今因數位無線偵測設備發達，無線溫溼度偵測感測器與接收器之相關設備發展完善，亦可搭配雲端軟體不僅同步監控，更可進一步收集與分析數據作為長期環境監控之參考資料。除此之外，自動偵測系統一方面可縮短監控數據之時間間隔、多點監控增加觀察範圍，亦可藉由雲端軟體啟動即時警報系統。

除了使用中央空調控制溫濕度外，密閉性良好之獨立展櫃也可加裝除溼模組，導入使用氣體交換技術之微氣候控制系統或其他輔助設備，創造微環境針對特殊文獻或媒材進行個別相對濕度調整。若是因環境限制下無法於展示環境安裝恆濕模組，可於密閉性佳的展櫃中使用矽膠類的輔助材質，例如可以吸濕的氧化矽膠（Silica Gel），或博物館常使用的調濕材料 Art sorb。Art sorb 具有吸濕與放濕的雙重功能，依產品設計亦可依所需環境條件與文物材質不同，選擇 40%、50%或 60%不同的相對濕度進行調節。但此種無自動控制系統僅有放置吸濕材料之展櫃，不僅需先確認展櫃密閉性高低，亦必須搭配溫溼度量測工具，在專業人員的監控下，先進行初階試行測試，確認能達到有效控制後才能放置文物，此後亦須保持監控且隨時進行調整，以維持微環境溫溼度之穩定度。

在居家控制方面，溫度通常僅能以冷氣達到有效降溫，整體空間的相對溼度則須仰賴家用除濕機，若有珍貴檔案文獻或書籍，亦可使用電子式防潮箱創造相對穩定之微環境進行收納，防潮箱尺寸眾多，可依照欲收存文物之大小進行選擇。在經濟條件有限情況下，針對小型紙質物件，可選擇附有相對濕度指示之小型氣密箱，搭配可循環除濕之小型吸

濕盒，亦可進行有效監控並以更換除濕盒方式進行調節。

（二）光照

　　光線所造成的傷害是累積性地，隨著照射時間越長，對文物的影響越大，甚而在將文物收入庫房後，即使在黑暗的環境中，因光照累積而產生的化學作用亦可能持續進行，造成文物不可逆的變化，不可不慎。降低光照影響的方法可從三點考量著手，分別為減少光照時間、降低光照照度以及降低或隔絕紫外線照射。

　　光源的控制主要在於使用照度測量儀器監控照度與輻照度，照度的計算單位為流明（Lux），即每單位面積內所產生的光通亮，及物體被光照射後所呈現的亮度，計算照射總量的方式是以照射強度乘以照射時間。有機文物的瞬間照度標準約為 50Lux，在此亮度環境下，人類肉眼依然可清晰辨識所識之物。依〈國立故宮博物院文物展覽保存維護要點〉可知，脆弱文物年總照射量需控制在 53,800～120,000lux・hr/y。測量照度時應該要模擬文物被照射的角度及光照的距離，以求更精準計算照度。在較暗的展覽區域周圍，亦應作光線引道，使參觀者的視覺在適應明暗度時有足夠的緩衝空間。

　　庫房與展櫃的展示光源應避免使用會產生紫外線、紅外線輻射、熱能與藍光的燈源，不合適的光源可能會造成光氧化、光降解與光老化等化學作用，進一步造成紙張纖維素降解、黃化與媒材褪色等劣化狀況產生。除了慎選燈管光源外，若在現有環境條件限制下無法更換光源，亦可選擇輔助工具進行控制，例如可使用遮光片降低光源照度，或使用 UV 濾片濾除紫外線等。在展出耐光性較差之紙質文物，也可考慮使用感應式光源，可自動偵測觀眾靠近展櫃固定距離範圍時自動開啟燈光，並於一定時間內再自動關閉，由此盡量減少文物曝光時間。除此之外，

亦須注意燈光的放射熱量，如鎢絲燈或含紅外線輻射之燈源。另外，聚光燈的瞬間或長期照射亦會使光敏感之文物，因局部溫度上升或瞬間接受過強照度而受損。

居家文物照護可遵循光源勿長期靠近文物，或避免以強光照射古籍紙張之原則。珍藏文獻可收置乾燥陰暗空間，偶爾要欣賞時取出，觀賞完畢則立即收回。尤忌將紙質文物放置於陽光可照射之處，如窗邊、陽台邊等處，皆會加速紙張光劣化之化學反應，迅速泛黃脆化或褪色。

（三）空氣汙染源控制

空氣中的汙染物包括二次汙染物、氣狀汙染物、粒狀汙染物等，來源廣泛包含天然來源與人為來源，諸如交通工具所產生的灰塵、工廠排放廢氣、氮氧化物、硫氧化物、臭氧及來自裝潢材料如三夾板中的甲醛等，這些灰塵與氣體與書籍材質產生自主或被動的化學作用，使得媒材變色、褪色、纖維素結構降解、紙力下降與酸化脆化等劣化現象。

在文物展藏環境與修復環境中可藉由制定偵測計畫以監測汙染源，進而擬定控制辦法。針對氣狀汙染物偵測，因偵測環境周圍空氣以確認汙染源所在地，但須避免於空氣滯留地點偵測，除非該地點為文物存放或展示之處。若偵測到有潛在汙染源，則應進一步評量釋氣（outgassing）的程度。目前對於懸浮微粒與落塵較少有專門的偵測產品，但仍可放置黑紙於不同地點，靜置一段時間後，在以顯微鏡進行觀察檢測。

汙染源偵測方式又分為主動式、反應式及消耗式。主動式是藉由貴重儀器進行分析與定量，雖然結果較為準確且可量化，但成本昂貴，無法大量並廣泛使用。反應式偵測法無法定量，較難確認汙染源，但至少可以該項測試先初階瞭解是否有引起相關反應，確定後即可再作進一步

評估與控制；如 Oddy Test 即為大英博物館的文保科學家 William Andrew Oddy 於 1973 年提出的反應測試法，可檢測木材、織物或油漆等材料是否會釋放出對文物具有傷害性的汙染源，該測試中有三種金屬式樣分別可以檢測到還原的硫化物、有機酸、醛、酸性氣體、氯化物、氧化物等。消耗式偵測法則敏感性低且無法定性定量，如氣體檢知管與 AD 試紙等。

空氣汙染源控制方法可透過阻隔方式，大空間與微環境都適用，創造密閉空間使外部汙染源無法進入，如文物展藏區域關閉門窗並控制人員進出，避免灰塵進入，展櫃則須確保其氣密性，以降低藏品展出時可能被汙染的風險。另亦可透過具有濾網且換氣率良好的空調系統有效改善室內通風，並可放置活性碳以吸附方式，或使用高錳酸鉀產品與汙染源引起反應的方式捕獲空氣中的汙染源。

（四）生物病蟲害防治

紙張書籍遭受病蟲害之困擾，遠在科技發明以前，古人即已想方設法預防蟲害，例如從紙張書籍材料下手，選擇含膠質較少之纖維如韌皮、麻類製紙，減少對昆蟲的啃食誘惑；或利用特殊植物的不同部位做各種用途，如以黃蘗樹枝染紙防蟲，使用樟腦樹幹提煉樟腦油，《夢溪筆談》提及以七里香藏於書中以辟蠹，宋代時亦以花椒水染製「椒紙」防蟲蛀，明清時以鉛丹塗紙「萬年紅」作為書籍扉頁或封底紙，或利用具有揮發性精油之多年生喬木製作古籍裝具，如木夾板箱盒與書櫃等，皆是運用植物之異香、苦味、生物鹼與毒性以達驅蟲之效。古時亦有定期曝書活動，根據漢代的生活指南書《四民月令》之曝書活動記載：「七月七日，曝經書及衣裳，習俗然也。」至宋代已然成為官方活動，《朝野類要・卷一》記載「每歲七月七日，祕書省，做曝書繪，係臨安

府排辦。應館閣并帶貼職官皆赴宴，惟大禮年分及有事則免。」藉此取出古籍散除潮氣並藉以檢查書籍狀況，但因曝書會中常有盜竊書籍情況發生，使得藏書損失比蟲蛀更加嚴重，而於清朝下令停止。

現代防蟲除霉拜科技所賜，可以利用先進的設備以及文保科學家的研究成果，在病蟲害控管方式與效益上精益求精。1980 年代開始，歐美等國博物館開始推行害蟲綜合管理（Integrated Pest Management，簡稱 IPM），即結合兩種以上方式防治生物病蟲害，包括控制建築體硬體條件使害蟲不易靠近、控制環境溫濕度並阻絕食物以抑制昆蟲繁殖，以及使用化學或物理方式進行主動除蟲。

文物入藏後應重視展藏環境之長期管控，首重環境溫濕度範圍之監控，尤以作為長期保存的庫房為重。溫濕度在微生物與昆蟲生長繁殖條件裡至關重要，以衣魚為例，一般於 22.2°C 環境下孵化需要 43 日，但在 32.2°C 環境下僅需 19 日，且高濕度環境亦會縮短其發育成蟲的時程。由此可知，控管溫濕度以抑制微生物及昆蟲生長，可達到一定成效。

除避免高溫潮濕的環境外，也要同時注意環境清潔與控管，展藏環境應保持潔淨，禁止飲食，避免物品堆積；窗戶、排水孔、通氣孔可加裝細網，門下隙縫可加裝收邊條，以防止昆蟲進入。定期排定日程抽查翻閱古籍文獻，觀察紙張書籍是否有蟲蛀受損現象並詳細紀錄受損狀況，儲存層架與抽屜亦應仔細檢視是否有紙張碎屑及昆蟲肢體、排遺、蟲蛻、蟲繭與卵鞘等。除此之外，庫房應限制人員進出，放置定期更換之腳部灰塵黏踏墊外，須放置黏蟲板，繪製放置平面圖，定期巡邏記錄以監測是否有蟲蟻活動，亦可加上食餌或費洛蒙提高誘捕機率。

除控管展藏環境外，文物入庫前應先進行主動除蟲程序，早期博物館常使用薰蒸除蟲，近年則多以冷凍除蟲與低氧除蟲作為主要選擇。博物館的除蟲用藥雖與農藥工業使用之藥劑與用量有些許差異，但發展脈

絡卻不盡相同，惟後期針對藏品殘留藥物之研究，揭露該方式對於環境與人體的危害之虞，致使某些薰蒸劑用藥已被禁止，如會破壞臭氧層的溴化甲烷，以及對人與環境皆有傷害的環氧乙烷。

低氧除蟲即為於密閉空間內將氧氣濃度降至 0.3%下以創造低氧環境，昆蟲在缺氧環境下，會將位於胸、腹部之呼吸孔盡量開大以獲取較多氧氣，但也因此使蟲體水分迅速流失，一般昆蟲體內含水率約為體重之 80%，當含水率下降至 50%時就會脫水乾燥而亡；使用不同的氣體創造低氧環境，需要的處理時間、設置方式與調整也會隨之改變。據研究指出，昆蟲對二氧化碳易產生抵抗機制，因此使用氮氣進行低氧除蟲的效益更佳；故宮博物院研究文獻指出，該院低氧除蟲實務作業將環境條件設定於溫度 23±2℃、相對濕度 55%以及氧氣濃度 0.3%，則約 14 個工作日即可有效除蟲。

低溫除蟲即為將文物至於密閉空間內，並將環境溫度迅速降至負 20℃至負 30℃，使昆蟲在適應溫度變化前，即因蟲體水分結晶，刺破體內細胞膜，中斷新陳代謝而亡。冷凍作業時間會隨著溫度下降而縮短，以故宮博物院處理實務為例，該院將冷凍溫度設定為負 35℃，確保即使降溫壓縮機於溫度稍微回升後才會再次啟動，亦不會使環境溫度高於負 30℃，並延長冷凍工作日至 7 天，以確保除蟲之效益。

（五）其他防治與人員訓練

文物展藏空間應加裝接漏設施、偵煙系統、滅火系統、防震措施等，除定期檢查系統功能外，亦須進行風險評估與分析，根據所有可能發生的風險因素進行羅列並模擬發生狀況，同時也列出在各種意外情境中可立即應對的方式，包含後續處理策略，以判斷保存機構是否有足夠應變能力。

在人員訓練上，所有會接觸到藏品的相關人員應根據專業能力有不同的訓練策略。針對直接執行修復與保存的修復師與文保專家，應持續與國際文保機構保持聯繫，包含參與年度文物保存修復相關年會與論壇發表會等，以持續關注國際間修護觀念改變及知識技能的更新應用，進而與其他機構交流分享甚至展開研究合作契機。而針對第二線接觸文物人員，包含運送文物、持拿文物、數位化文物、調閱文物過程中會碰觸文物者，則應定期接受專家教育訓練，從一系列完整的基礎文保知識到實務操作課程，系統性瞭解業務中面對文物時應有的態度與正確方法。而針對一般社會大眾與相關研究學者，也可規劃初階課程，培養大眾完整的文保常識，除可於運用於居家收藏文物，亦可藉由相關文保宣導課程進而理解公民於世界遺產及文物史料保存中所扮演的協助性角色。

二、檢視工具

古籍文獻在進入正式修護前，應先進行詳細的檢視登錄作業，運用不同輔助工具逐步瞭解基底材與媒材的整體結構狀況、劣化狀況與吸水性、酸鹼度特性等，亦藉此瞭解紙張書籍曾經歷過的歷史，甚而進一步測試修復材料是否適用，並於過程中一一詳細記錄，以作為制定完整修護計畫之基礎。此節著重介紹檢視過程所使用的各種輔助觀看工具。

（一）燈具

檢視時需要充足的光線進行輔助觀看，同時也可利用各種不同角度的光線，觀看出古籍上不同的細節之處。例如均勻的正面投射的平光可以看到整體狀況，而側光則可檢視凹凸不平或平面變形之處，運用不同

斜角與照射方向亦可看出不同的劣化狀況，放置於下方的透光則可清楚顯示紙張厚薄均勻度、撕裂痕處、浮水印、連紋樹木與方向等，通常可使用輕巧的薄板狀光纖板與大面積光桌，甚至是塑膠板與一般燈具即可創造透光檢視環境。另外長管狀的光纖燈可運用於局部照明，可藉拉長距離以避免燈具所產生之熱源影響文物。

而不同波段的燈具亦可使用於檢測不同劣化狀況或特殊狀況。紫外線燈是藉由被照射物吸收光源能量後處於不穩定的高階能量狀態，當電子從高能階回到原來的能階時會釋放能量產生螢光反應，特定物質材料的螢光反應皆有相關科學文獻分析佐證紀錄，可藉螢光反應回推鑑定可能的材質或劣化狀況如膠漬、螢光劑。一般紫外線又可分為長波 UVA（400 至 320）、中波 UVB（320 至 280nm）、短波 UVC（280 至 200nm）及 Vacuum UV（200 至 10nm），波長越短破壞力越強，在波段選擇與照射時間上須謹慎為之，UVA 對有機物質的傷害相對較小，故而使用範圍較廣，短波 UV 可能會使用於檢測某些無機物質，但亦較少使用。使用紫外線檢測時應特別注意眼部保護，須配戴有抗紫外線功能之護目鏡。

紅外線的波長範圍為 750nm 到 100μm 之間，據國際照明委員會（International Commission on Illumination，簡稱為 CIE）分為三個區間，IR-A 的波長為 700 到 1400 nm、IR-B 的波長為 1400 到 3000 nm、IR-C 的波長為 3000 nm 到 1 mm。可利用其波長與穿透力揭露肉眼無法觀察到的細節，如顏料層下的異狀、碳元素如鉛筆註記與草稿、模糊消失的落款，或是後人添加的補材補彩等，另外亦可觀察少數特殊顏料，如藍色顏料在紅外線照射下呈現黑色者，則有可能是普魯士藍。

（二）放大工具

可運用不同倍數的放大工具，進行局部的詳細檢視。一般簡易放大鏡的放大倍率約為 5 至 40 倍，有各式造型，例如常見的手持式、ㄇ字型可折疊站立式、小型圓柱體式及頭戴式等，可視使用情境擇用之。

光學顯微鏡是利用光源與透鏡系統進而將實體放大成像，倍率約為 40 至 1600 倍，包含反射式與穿透式，以及利用不同偏光性質進行觀察的偏光顯微鏡，上述類型顯微鏡通常需要製作切片標本，置於載物台上進行觀察。另亦有實體顯微鏡利用反射光觀察物件，以兩組物鏡與目鏡，使雙眼所視之光路角度略為不同，因而產生立體的視覺影像，倍率多為 60 倍，為無須製作標本，可直接用於文物表面觀察，亦可於修復操作中使用，如去除崁於紙張纖維裡的蟲屎排遺或卵鞘時，可藉實體顯微鏡進行更精細的操作。光學顯微鏡於檢視時可搭配紫外線與紅外線進行觀察，並可外接電視螢幕進行即時影像投影，甚至可加裝即時拍照裝置以方便記錄，40 至 200 倍的數位顯微鏡則可連至電腦、手機或平板進行即時觀看。

除上述之光學顯微鏡外，另亦有電子顯微鏡，利用電子流照射標本以進行觀察，穿透式電子顯微鏡可放大 80 萬倍，用以看出分子的形象，掃描式電子顯微鏡可用觀察立體的表面，放大倍率約 20 萬倍。常運用於紙質纖維觀察與判定，屬於破壞性檢測，需先將紙質文獻取邊角或掉落的碎屑解纖後，再製成樣本進行觀察。

三、修復材料

古籍修復時除了依據文獻狀況選用不同紙質進行修補外，過程中亦

會使用許多消耗性材料，底下將一一介紹。

（一）糊

古籍修復主要使用自製之澱粉糊，該澱粉來源為植物的種子、根、莖、皮、果實等，分為直鏈澱粉和支鏈澱粉兩類，前者含數千個葡萄糖單元，後者則含有 1,000 至 300,000 個左右的葡萄糖單元。澱粉在常溫下不溶於水，水溫至 53℃以上時，會發生物理性變化，於高溫下溶脹、分裂形成均勻糊狀溶液，此過程稱為糊化（Gelatinization）。目前修護常用者為小麥澱粉糊，一般又稱為澄粉，含有22%至28%的直鏈澱粉。臺灣氣候較為濕熱，沒有使用完的澱粉需於冰箱冷藏中保存，糊自煮好後，黏性會持續下降並出水，建議三至五天之內使用完畢。冷藏過的澱粉胡會結塊成半透明乳白色果凍狀，可使用不同目數的篩網，由粗至細至少過篩二至三次方可均勻滑順，才可用於修復程序，通常用於黏合，如小托或隱補等工序。

（二）膠

古籍修復常使用動物蛋白質膠進行加固，其來源廣泛，可分為骨膠（包括皮膠）及明膠、血液蛋白質膠、酪蛋白膠、魚鰾膠。動物膠遇到冷水不會溶解，但可吸收膨脹至 5 到 10 倍，可使用 60 至 70 度的溫水作為溶劑，溶解時的溫度與酸鹼值皆會改變黏度，冷卻後會凍結成有彈性的凝膠，受熱後則恢復為溶液，因其可逆之物理特性，而被廣泛運用於修復工序中。於古籍文獻修復中常用於媒材加固，如鈐印或墨色加固。建議使用純化後純度較高的膠類產品，可降低不明雜質影響紙張而帶來的後續劣化影響。

（三）絹綾錦

織品類材料通常用於古籍的書皮、書盒外層裝飾及錦袱或緞袱之織品套件。絹類為平紋，綾類為斜紋或斜紋地，有花紋，多為龍紋、鳳紋、飛鳥紋、壽字紋與菊花紋等。錦類為緞紋地，緯絲顏色有三種以上，色彩鮮豔，花紋突出，光澤感強，質地最為厚重，有純蠶絲、人造絲、蠶絲與人造絲混和這三種，價格差異大。

（四）紙

中式古籍修復用紙有多種，包含皮紙、竹漿紙、草料紙等。皮紙多以樹皮製成，如構樹皮、檀樹皮、桑樹皮等，多稱為褚皮紙；竹漿紙則是將竹子纖維經鹼脫煮木質素後打漿製成；草料紙則使用稻草、麥稈、蘆葦與竹子等植物纖維製成。古籍修復中最具代表性也最常使用者為宣紙，安徽涇縣宣紙即以青檀樹皮和稻草為主要材料，依皮漿與草漿的比例可分為棉紙、淨皮與特淨，由厚到薄可分為雙宣、單宣、棉連與札花，產品規格大小依尺而分。

（五）顏料

古籍修復中常使用顏料進行局部全色或修復用紙染色，常用顏料有水墨畫顏料、壓克力顏料、水彩顏料、色粉等。水墨畫顏料包含墨、花青、藤黃、赭石、洋紅與胭脂等，市售有塊狀、碟狀、軟管狀與粉狀，另有液狀墨汁，大多數使用動物膠為黏著劑，具可逆性，可作為全色或修復用紙染色。壓克力顏料又稱丙烯酸顏料，以人工合成樹脂為其黏著劑，乾燥後其樹脂粒子會形成薄膜，雖可透水但不溶於水，無法移除但耐候性較佳，一般使用於修復用紙染色。透明水彩由色料、阿拉伯膠與

防腐劑製成，遇水可溶解移除，多使用於局部全色。

四、修復工具

（一）刀具

　　古籍修復時會使用剪刀與美工刀進行紙張、錦綾與棉繩裁剪，在較精細之處可使用手術剪刀、30 度刀片進行細微輔助，手術刀也可用在紙口打薄、剃除異物與昆蟲排遺用途，另亦有裁整書頁用的斜口刀。

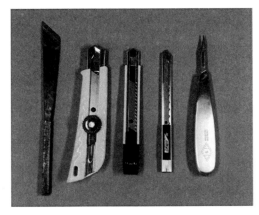

圖二十二：刀具

（二）縫針、錐子、敲槌、錐板

　　裝幀時會將古籍置於錐板上，使用平頭錐子配合敲槌依序於書頁上打上書眼。錐板須有一定厚度，可增加穩定性，並避免傷及桌面，平頭錐子多為鋼材，敲槌則可使用硬木或一般鐵鎚。待書眼鑽成後，則使用適合粗細之縫針，引線完成縫書。

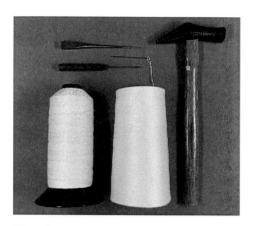

圖二十三：縫針、錐子、敲槌、縫線

（三）毛筆、水彩 0 號筆、平頭筆、水筆

修復用筆依用途不同而有多種類型，毛筆可用於沾取糊液進行隱補等工序，其柔軟特性於書寫時方便隨意調整筆觸粗細，可善用此特性於媒材加固，順字而行，且有多種尺寸可挑選，最細者有工筆，可於全色時用於精細之處。水彩筆 0 號筆因筆頭細小，可用於修復前的點狀測試，亦適合用於鈐印處加固。平頭筆因筆頭面積較廣，適合用於較大範圍塗布。水筆上方為半透明軟管，可裝少量水，輕輕按壓可於筆頭出水，適合用於需少量出水之處。

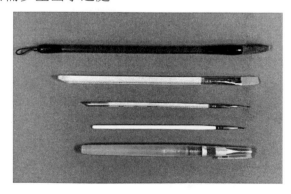

圖二十四：筆具

（四）竹尺、木尺、壓克力尺、切割墊

尺可於裁切時輔助對齊、測量及或重壓的隔板。中式書畫裝裱常使用布料用尺，細長狀，使用木或竹製成，以一尺 3 公分為單位，單把最短為 30 公分，主要用於測量。另有形狀寬長者，最長亦可至 6 尺、8 尺不等，常用於裁切輔助，因尺面較寬，於裁切時較易握住穩定，也可放置紙鎮固定。因長形木頭容易受環境溫溼度影響，時間久了長有兩端輕微彎曲現象，無法裁切出直線邊，故現代多以壓克力尺代替，壓克力透明的特性也方便於裁切時觀察尺面下文物，且市面上有多種厚薄度可選，大小亦可任意裁切，靈活變化度高。切割墊則屬於現代產物，傳統工法中常置有一裁切用木桌或裁板，專供裁切使用。

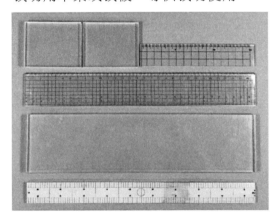

圖二十五：尺具、透明壓克力板

（五）噴水壺、細水霧噴水壺

噴水壺可協助均勻濕潤紙張，多使用於小托或需大面積濕潤時，另有細水霧噴水壺，所噴出水物更為細緻，出水量亦較少，十分適合紙質修復。

圖二十六：噴水壺

（六）棕刷、糊刷、糊盆

棕刷為宗樹皮編紮而成，其棕絲粗細、紮綁的紮實程度及大小皆不同，於選購時可按不同需求挑選。使用前常會用熱水將前端棕絲煮軟，並於石地稍打磨使棕絲尖端成圓弧狀，可避免傷及紙面或帶起過多紙絮，可用於小範圍撫平，亦可用於大範圍刷實。糊刷為鬃質扁形刷子，用以調製漿糊，也有使用羊毛刷作為糊刷者。傳統糊盆多以圓木盆為主，現代常以不鏽鋼方淺盆與深盆取代。

圖二十七：刷具

（七）壓克力板、紙鎮、壓書機

　　需要重壓乾燥的情境很多，例如紙張加濕攤平與隱補缺失過程，都需要最後局部或全面的重壓，以確保紙張在乾燥過程中均勻收縮而使表面平整。傳統裝幀工序多以木板重壓，但為避免木頭與紙張在長期接觸過程中轉移酸性劣化物質，現代多改以透明壓克力板，搭配吸水紙、化纖布與紙鎮以三明治法進行重壓。手動壓書機則多於書籍裝幀完成後以此機器協助紙張緊實，然古籍紙力與結構狀況不一，在使用手動壓書機前應審慎考量。

圖二十八：壓克力板、紙鎮

圖二十九：壓書機

（八）裱板、晾紙架、起子

古籍拆卸為單頁後進行濕式修復者，可黏貼於裱板平整晾乾，也可先置於晾紙架作為暫放。裱板上已乾燥紙張可用起子卸下，起子多以竹削製而成，亦有以牛角刮製而成者，尖端多削薄使其有韌度彈性。

五、常見修復方式

（一）表面除塵

屬於乾式清潔，使用軟毛刷、鑷子、吹氣球、噴氣罐、針、刀背、橡皮擦粉、吸塵器等工具，以掃除、吹落、挑刮及輕微摩擦等機械性方式，去除附著於紙張表面或嵌入纖維的灰塵、土壤、油脂與昆蟲排遺等，避免其磨損紙張纖維或媒材造成劣化，與可保持畫面的完整性與美觀。

（二）除異物

可使用機械法、加濕法、溶劑法、塗敷法等方式移除殘留於紙張表面的實質物體，避免因轉移、改變化型或以磨損的方式進而造成紙張書籍劣化疑慮，如訂書針、迴紋針、橡皮筋等。

（三）攤摺痕

將紙張摺痕反其凹折方向攤開稱為攤摺痕，中式古籍中的內頁有時會因前人不當裝幀，或閱讀方式不良，造成書頁凹摺，掩蓋部分字體內容而不易閱讀，此時應判斷該摺疊處為裝幀前產生或其後產生，以此決

定是否須拆除縫線以攤平摺痕，此舉可使被掩蓋內容重現，亦可使原摺痕不至持續壓印至下方紙面。

（四）加濕攤平

藉由重新給予紙張纖維水份，使其因吸水膨脹而潤開，再以重壓方式確保乾燥過程中均勻受力收縮，最後使得紙面平整。加濕方式有多種選擇，可視紙張吸水性、紙力與媒材溶解度而謹慎擇之，如 Gore-tex 三明治加濕法、超音波加濕器或直接使用噴水壺等。

（五）媒材加固

使用黏著劑塗佈於脆弱媒材上使其穩固，中式古籍多選擇明膠為媒材加固之用，加固前應先針對媒材進行點狀測試，依其結果再進行不同比例的膠水加固測試，慣用比例為 0.5%、1.5% 與 2%，重複加固直至不會掉色，但須注意不可加固過量造成媒材產生光澤感。

（六）清洗

可使用浸泡法、漂浮法、淋洗法、吸水紙法等方式，以清水清洗書頁，使髒汙溶於水中排出。清洗前須掌握基底材與媒材的詳盡狀況，包含紙力、吸水性、色牢度與酸鹼值等，並做好相關前置措施，如媒材加固與清洗時的輔助襯托材料工具。媒材色牢度較低的文物，在反覆清洗與乾燥的過程中，也須隨時注意是否有媒材溶解的疑慮。清洗為不可逆的修復處理，須謹慎評估且慎選方案。

（七）嵌折

於書籍紙張裂縫與脆弱處，以澱粉糊與修復用紙加固，穩定其物理結構，亦可避免翻動書頁過程造成損傷持續加大。中式古籍的書口為紙張摺痕處，為較脆弱之處，紙力弱的書頁通常會先從此處裂開，裂開後又易因翻動而撕拉造成更大的破損。於書口處進行嵌折時，因特別注意修復用紙之厚薄，容易因於同一本書的同一垂直位置，於每頁反覆修補，造成該處厚度劇增，使整本書凹凸不平。

（八）隱補缺失

隱補操作適合於大面積光桌上方進行，於書籍紙張破洞缺失處上方墊一薄塑膠片，使用鉛筆於修復用紙上描繪出缺失處形狀，再以手工將修復用紙撕成毛邊形式，即可從書頁背面以澱粉糊黏貼，此即為隱補工序。

（九）托紙

使用修復用紙以局部或全面加托的方式，於書頁背面以澱粉糊黏貼，可分為濕托與乾托，視基底材與媒材實際狀況擇用之。可有效穩固脆弱的結構，但若全書皆以小托方式進行托裱，全書厚度將會增加，須謹慎評估可行性。

（十）重新裝幀

中式古籍的縫線裝訂處常發生鬆脫、斷裂的劣化狀況，或內頁書籍需拆卸後才能進行修復，此些情形都使該書需移除原本縫線並重新裝幀，然重新裝幀是否撤換封面與紙捻，則視個別書籍狀況為主，無通用

準則。

六、無酸保存材料

　　除了修復過程中應對古籍悉心呵護，謹慎檢視評估，慎選修復方案外，在保存措施上亦不可馬虎，尤其保存措施將成為日後與古籍文物長期緊密接觸之材質，更應慎選無酸且耐候性佳的產品，使其充分發揮穩固保護的功能，給予古籍一個安全無虞的存放環境。

（一）聚脂片

　　聚脂片是透明的塑膠薄片，化性十分穩定，不易脹縮、發黃或脆化，可有效隔絕灰塵、水氣與其他汙染源，有各種不同厚度可供選擇，市面上販售的厚度範圍為 0.013mm 至 0.25mm，依據厚度不同可做不同用途。較薄者因其柔軟性佳，適合搭配使用於修復過程中的暫時性掩蓋作業，較厚者有其硬挺度，適合運用於各類保存措施，例如可使用超音波或紅外線封邊機，與檔案夾紙一同製作 L-weld 保護夾。然因其可隔離水氣，相對的透氣率也較差，需特別注意穩定保存環境的相對濕度。

（二）無酸檔案夾紙

　　檔案夾紙較一般紙張為厚，稍有硬挺度，因原料中無磨木漿原料，故不含木質素，厚度範圍介於 0.18mm 至 0.5mm，顏色多為米白、米黃或灰色。市面上產品亦依酸鹼值做區分，鹼性檔案夾紙中的鹼藏物可幫紙張創造微鹼環境，但不適合含有蛋白質成分的基底材或媒材，中性檔案夾紙則適用於所有文物。檔案夾紙依不同厚度可運用於各類保護措

施，如分隔夾紙、無酸信封、四折翼、六折翼、L-weld 保護夾、承托材料、背板隔離層等。

（三）無酸卡紙板

卡紙板使用純纖維素紙張或純棉漿製成，不含任何木質素，無酸性，厚度比檔案夾紙更厚，介於 0.5mm 至 4mm，產品分為中性與鹼性，鹼性卡紙板不適合含有蛋白質成分的基底材或媒材，中性卡紙板則適用於所有文物。依不同厚度而有不同用途，常用於夾裱的開窗面板材料、支撐背板以及保護書盒。

（四）無酸瓦楞紙板

無酸瓦楞紙板使用經漂白處理的純纖維素紙漿製成，不含任何木質素，無酸性。其中間為壓成波紋型狀的瓦楞芯紙，上下方以黏著劑黏合紙板形成外層表面，因質輕且堅韌，主要運用於保護盒製作，故皆為鹼性，若存放蛋白質之基底材與媒材應使用中性無酸材質隔離。依產品類型不同，有單層與雙層的厚度可供選擇，波紋大小亦有不同，可依需求進行選擇。

（五）無酸蜂巢板

無酸蜂巢板的材質多使用經漂白處理的純纖維素紙漿製成，不含任何木質素，無酸性。其中間為蜂巢格狀結構，上下以黏著劑黏合紙板形成外層表面，形成強韌的硬挺結構，支撐力極高，常做為大型文物的支撐背板，有多種厚度可供選擇，越厚者支撐力越強。該產品均為鹼性，若接觸蛋白質之基底材與媒材應使用中性無酸材質隔離。

（六）無酸薄紙

無酸薄紙具半透明性，表面柔軟細緻，運用層面廣泛，多用於書籍隔層包裝材料或內層隔頁紙張，有中性與鹼性產品可供選擇，鹼性無酸薄紙不適合含有蛋白質成分的基底材或媒材，中性無酸薄紙則適用於所有文物。市面產品亦有多種厚度，可依書籍的尺寸與重量評估以選擇合適者。

（七）緩衝材

緩衝材多用於無酸保護盒的內盒四周與底部，或上蓋的內裡，一般多選用無酸泡棉類，為聚乙烯發泡材。可依據文物尺寸與外觀形狀進行裁切，使泡棉完全服貼密合可緊鄰文物。因其柔軟有彈性，可吸收外部震力，提供文物良好的支撐固定與衝擊保護力。惟於選購時須注意挑選專門生產予文物保存使用之產品，以避免不清楚製程中是否使用化學發泡劑，或是否可能隱含隨塑料產生有機氣體之疑慮。

·下 篇·

古籍數位化

第五章　古籍數位化的概念

一、古籍的涵義

　　古籍一般是指 1911 年之前歷朝寫本、刻本、稿本、拓本等。民國以後影印、排印的線裝書籍（如《四部叢刊》、《四部備要》等）也屬古籍[1]。

　　古籍按照不同的標準可分為：

　　（一）按古籍的質量，分為善本古籍及一般古籍。

　　（二）按版本形態，分為寫本、刻本、活字本、石印本、鉛印本、影印本等。

　　（三）按著作形態，分為點校本、輯佚本、校釋本、選注本、今譯本等。

　　（四）在裝訂形態上，又有線裝、平裝、精裝本之分[2]。

　　在古籍的標準中，尤以善本最為珍貴。善本最初的概念是指經過嚴格校勘、無訛文脫字的書籍。以後許多學者對善本的概念不斷總結歸納，最後形成了現在通用的善本「三性」、「九條」說。善本的「三性」指書籍應具備較高的歷史文物性、學術資料性和藝術代表性。歷史文物性係宋元以前的刻本、寫本、明代抄寫本、精刻本，清代乾隆以前流傳較少的印本、抄本。學術資料性主要係指各類有學術研究價值的稿

---

[1]　王立清著，《中文古籍數字化研究》，北京：國家圖書館出版社，2011 年 5 月，頁 16。

[2]　崔雷撰，《中文古籍數字化研究》，吉林大學碩士學位論文，2010 年 6 月，頁 5。

本、批校題跋本和流傳很少的刻本、抄本。藝術代表性如反映中國歷代印刷技術特點的活字本、彩色套印本、木刻版畫以及明、清名家印譜等[3]。善本的「九條」是「三性」的補充和具體規定，主要包括：

（一）元代及元代以前刻印抄寫的圖書。

（二）明代刻、抄寫的圖書。

（三）清代乾隆以前流傳較少的刻本、抄本。

（四）太平天國及歷代農民革命政權所刊印的圖書。

（五）辛亥革命前，在學術研究上有獨到見解，或有學派特點，或集眾說較有系統的稿本以及流傳很少的刻本、抄本。

（六）辛亥革命以前，反映某一時期、某一領域或某一事件資料方面的稿本以及流傳很少的刻本、抄本。

（七）辛亥革命以前的名人學者批校、題跋或過錄前人批校而有參考價值的印本、抄本。

（八）在印刷術上能反映古代印刷術發展，代表一定時期技術水準的各種活字印本、套印本或有精校版畫、插畫的刻本。

（九）明代的印譜、清代的集古印譜、名家篆刻印譜的鈐印本，有特色的親筆題記等[4]。

又依據「國立中央圖書館中文圖書編目規則」對善本書的範圍為：

（一）明弘治以前之刊本、活字本。

（二）明嘉靖以後至近代，刊本及活字本之精者或罕見者。

（三）稿本。

（四）名家批校本。

（五）過錄名家批校本之精者。

---

[3]　中國大百科編委會編，陳先行「善本」，中國大百科全書(圖書館學、情報學、檔案學)(北京：中國大百科全書出版社，1993)，頁 369。

[4]　姚伯岳著，《版本學》(北京：北京大學出版社，1993)，頁 142-145。

（六）舊鈔本。

（七）近代鈔本之精者。

（八）高麗、日本之漢籍古刊本、鈔本之精者[5]。

由此可見，善本蘊含豐富的文化遺產，是瞭解古代文化、研究古代學術的重要媒介，也是古籍數位化的重要資源。

我國古代的書籍存世的總數約在十萬種左右，清末以來私人藏書家逐漸式微，各公私圖書館成為中文古籍最主要的典藏機構。現存中文古籍目前散布在全球各地，以中國大陸及臺灣為主，其次為港澳、歐美地區及東亞地區。我國古籍類型多樣，內容紛雜。因而，古籍具有很高的價值。它是中華民族發展歷史的記憶，是民族文化的瑰寶，是經過歷史檢驗、選擇淘汰和保留下來的精品。古籍作為歷史文化的重要載體，在一定程度上代表著一個時代曾經到達過的智慧高度，是一個民族共同文化心理的重要見證。古籍中有許多中華民族對世界文化影響深遠的經典性文獻，佔有重要的學術性地位。

二、古籍數位化的涵義

中華民族文化源遠流長，在數千年的歷史中，古人留下了無數寶貴的知識與文化，而這些智慧結晶的重要表現形式就是以文字為載體著錄古籍中。古籍在一代又一代流傳，使得中華文化始終保持生命力。因此，古籍一方面是歷史給當今最好的禮物之一，另一方面也是中國傳統文化得以流傳的重要基礎。對古籍的保護應當成為全社會共同關注的重要問題，也是歷史賦予我們的重要使命。

---

[5] 國立中央圖書館編，國立中央圖書館中文圖書編目規則(臺北市：編者，民國 53 年)，頁 73-74。

在過去，文字的載體種類比較多，常見的有紙質、絲質、竹質等。
而無論是常見的紙質古籍，還是其他材質的古籍，在保存過程中一方面
很容易受到水火、蠹蟲等問題的侵擾，甚至人為導致古籍受損乃至毀
滅，比如秦朝的焚書坑儒。另一方面在人為翻閱過程中，由於長時間翻
閱也很容易導致古籍磨損。此外，對於古籍保護來說，古籍的不慎遺失
也是一個十分嚴重的問題，中國歷史中每經過一段較長時期的戰亂，都
會導致文化傳承出現問題，如清代八國聯軍、英法聯軍及民國抗日戰爭
時期中國就遺失了大量珍貴的古籍文獻。這主要是由於古籍在戰亂中保
存不易，很容易遺失。伴隨資訊技術的出現與發展，古籍保護工作的形
式有了巨大的發展，利用資訊化手段，對古籍進行有效的整理與存儲，
最終以電子資料的形式實現保管與使用。同時，透過掃描、字元編碼的
形式，能夠實現在保證古籍資訊內容保管準確無誤的基礎上進行保護，
一方面能夠使得學者在對古籍進行研究工作時能夠獲得盡可能直觀的資
訊資料，確保數位化資訊手段能夠真實清晰的反映古籍內容，另一方也
借由電子資料的形式，將古籍從實體轉變為電子數據，從而提高古籍內
容保管以及查閱的便利性。

數位化是再生性保護的重要手段。所謂數位化就是把人們常用的文
字元號轉化為數位記號，也就是說將傳統的語言文字表達形式改變成電
腦識別的數位檔形式。古籍數位化就是從利用和保護古籍的目的出發，
採用電腦技術，將常見的語言文字或圖形符號轉化為能被電腦識別的數
位記號，從而製成古籍文獻書目資料庫和古籍全文資料庫，用以揭示古
籍文獻資訊資源的一項系統工作[6]。

簡言之，古籍數位化，就是利用現代資訊技術對古代文獻進行整理
與研究，將古籍轉化為電子媒體形式，透過磁片、光碟、網路等介質予

---

[6] 崔雷撰，《中文古籍數字化研究》，吉林大學碩士學位論文，2010 年 6 月，頁 5。

以保存和傳播。數位化的古籍再配合一定的檢索軟體，使古籍的閱讀、檢索都大為便利，擴展了囿於時間、精力的個人有限的閱讀能力。因此，從某種意義上說，過去我們接觸的古籍，是紙本形式的典籍彙編，而透過光碟與網路展現在我們面前的全文資料庫，是電子化的典籍彙編。換言之，古籍的數位化建設、特別是其中的全文資料庫的建設，是傳統古籍彙編模式在新形勢下的延伸與衍變。

同時，數位化古籍可以更好的保護古籍和善本，透過數位化古籍可以避免對古籍作品的原件造成損害，提供更多人使用典藏在各個單位、受到管理而取得閱覽不易的古籍作品，降低古籍的利用率，從而更好的保護古籍和善本。古籍原件透過數位化作業，轉變為可供加值應用的數位資源，兼顧典藏與利用之目的，為數位發展史的重要基礎工程。

在 20 世紀 80 年代前後，臺灣以及中國大陸陸續開始了將古籍整理與電腦相結合的實踐活動。1990 年，《國文天地》第 5 卷 9 期推出了《科技新貴與古籍佳人的結合——中國古籍電腦化》專欄，首次出現了「古籍電腦化」這一術語，但當時並未給出界定[7]。但是在這此間，還出現了古籍自動化、古籍電子化、古籍全文資料庫、珍藏文獻數位化等相關術語。

古籍由傳統載體向數位化文本轉化是資訊技術的迅速發展在人文社會科學中的一個重要表現。古籍數位化具有非常明顯的優勢。

（一）解決了古籍的保護與使用之間的矛盾

古籍是前人遺留下來的寶貴文化遺產，從數量上不會再有很大的增長，長期以來，在做好防蟲、防黴等基礎工作的同時，許多古籍保存單

---

7 陳郁夫、張衛東、黃賢、趙原璧、葉曉珍，〈科技新貴與古籍佳人的結合——中國古籍電腦化〉，《國文天地》5:9=57，1990.02，頁 13-43。

位採取的是透過嚴格限制古籍使用的手段，以達到保護古籍的目的，但這顯然違背了書是為了使用的原則，因此利用數位產品易於保存的特點，透過將古籍製成數位產品，可以達到永遠保存古籍的史料價值的目的。古籍中有些紙張已經變質變脆，不能再流傳閱讀。而有些孤本、珍本，需要珍藏，也無法正常流通使用。為了保存這些古籍，一般採用再版方式印刷，使其內容得以傳承延續。古籍數位化後，減少了對古籍原本的直接使用，便於其長期保存。與此同時，古籍的傳播與普及還得到了更好的實現，並且使古籍資源得以有效的開發、利用及很好的保護。

（二）為古籍整理和出版提供了高效的工具

傳統的古籍整理主要依賴人工進行，不但操作費力、效率不高，而且成果的出版利用也存在種種困難。數位化古籍的出現，不僅為古籍資源整理提供了高效的工具，同時也為古籍整理後研究成果的出版創造了方便條件。

（三）為使用者提供了便捷的檢索方式

人工檢索方式進行古籍的檢索，速度慢，查檢正確率低。古人治學不講究學科的精細劃分，文史哲不分家，有時為查檢一個人、一件事或者一段引文，往往要花費幾小時甚至幾天的時間。而數位化古籍文獻全文檢索系統，不管用關鍵字檢索、邏輯檢索、條件檢索還是模糊檢索，都可取得良好的效果。因為全文檢索系統能處理結構化資料和非結構化文本資料，具有面向文獻全文的檢索功能，文獻中的任何成分都可檢索和顯示，任何字元和字串都可作檢索的切入點。這種大容量高速度的任意檢索與模糊檢索方式，為提供中文古籍檢索最有利的條件。

（四）存儲量大，存貯體積小

傳統的古籍保存方式都存在著存儲量小、佔用空間大的缺點，但數位化技術出現後，這些問題都迎刃而解。數位化資訊是以「位元組」為基本單位存在的，兩個位元組對應一個漢字。因而解決了儲存的空間問題，更便於管理。

傳統古籍不同於普通文獻，古籍數位化也與普通文獻的數位化有著不同之處，古籍數位化相對比較獨立。古籍數位化更強調版本的選擇。關於古籍的版本選擇，在傳統的古籍整理、研究工作中，一直比較注重版本的選擇和比較，常常會在不同版本間比較異同。普通文獻數位化的版本問題遠不及古籍數位化突出，如果數位化時，選擇了不好的版本，那麼將直接影響古籍數位化的品質。

在網路環境下，面對搜集難、閱讀難、理解難、檢索難、利用難的古籍資料，如何充分利用現代資訊技術，讓古籍在數位化時代更好地為我們所用，古籍數位化提供了一條捷徑。

三、古籍數位化性質和定位

對於古籍數位化性質和定位的認識是一個很重要的議題，它涉及到古籍數位化實踐的方向。基於這個古籍數位化的基本概念，可以將古籍數位化的基本性質定位為：古籍數位化是對現存古籍善本的再現和加工，屬於古籍整理的範疇，是古籍整理的一部分。古籍數位化屬於古籍整理和學術研究（或稱校讎學）的範疇，古籍數位化的最終目的是將古籍資源製成古籍全文數據庫和古籍文獻書目資料庫，從而達到保護和利

用古籍的目的[8]。古籍數位化不僅涉及到古籍整理的知識和技能，如目錄、版本、校勘，而且還涵蓋了電腦資訊技術，因此古籍數位化的研究也就具有古籍整理學和數位技術相結合的跨學科特徵。古籍數位化是新時代古籍整理的主流，它也代表著未來古籍整理的發展方向。

古籍數位化屬於古籍整理和學術研究的範疇，在特定情況下，也屬於數位圖書館設置的一個重要組成部分。古籍數位化不僅僅是簡單的存儲介質的轉換，它同樣也是一個古籍整理的過程。傳統上，對古籍整理的理解有廣義和狹義之分，廣義的古籍整理指有關古籍各方面的學術工作的統稱。狹義的古籍整理是指對古籍原文進行某種形式的加工整理，以便於人們閱讀與研究。它不僅包括標點、校勘、注釋、輯佚、今譯、影印、彙編、研究專著等，而且包括編製有關古籍書目、索引、辭書等工具書。

事實上，古籍數位化之後所形成的古籍書目資料庫或古籍全文資料庫依然是古籍整理的成果，只是在整理過程中，手工的方式更多地被電腦所代替。古籍數位化過程中也需要面臨文本物件的選擇問題、版本的比較等。有學者明確提出，古籍數位化要遵從「文獻整理」和「文獻保真」兩個基本原則。文獻整理原則就是在廣羅異本、擇善而從的基礎上，對文獻的文本內容進行校勘整理，提供給讀者精良的版本內容。保真原則就是要盡可能地保留文獻整理過程中所利用的各版本的內容和形式方面的資訊。就內容方面，在提供整理過的文本內容的同時，還需要保留前人留下的校勘記、批註等內容，為讀者提供其他版本異同的內容，瞭解版本整理的經過。就形式方面，應將各版本的版本資訊，諸如版本類型、版刻年代、刻工姓名、牌記、卷端、行款、字體、墨色等通

8　陳金、楊豔紅、趙士斌、吳霆，〈數位化時代的古籍保護策略探索〉，《產業與科技論壇》2015 年第 14 卷第 13 期，頁 242。

過技術手段加以保留。

因此，數位化的最主要目的，就是為了更好地保護古籍。鑒於我國現在大部分古籍都亟待修復的現狀，和圖像掃描等技術所具有的簡單快捷、成本低廉且保存長久的優勢，古籍數位化可以說是解決古籍保護這一問題的有效途徑。由於古籍保存和利用之間的衝突，在很多情況下為了保護古籍，不得不放棄對古籍文化史料價值的深入發掘。而實現古籍數位化之後，讀者和研究人員就可以方便地通過電腦甚至網路閱讀古籍，同時又避免了對古籍可能造成的損害。

四、古籍數位化的原則

古籍數位化是一項系統的工程，需要投入大量的人力、物力和財力，如何以盡可能小的投入獲得較大的效益，包括社會效益及經濟效益，是一個值得思考的問題。在實施古籍數位化作業的過程中應堅持以下原則：

（一）古籍的整理

古籍數位化屬於古籍整理的範疇，堅持以古籍整理為基礎是古籍數位化的最基本原則。在一定程度上古籍數位化只是古籍整理方式和手段的一種創新和昇華。因此，在古籍數位化過程中一定要解決好版本的選擇和比較、標點、保真等問題。

（二）需求與實用

中華古籍浩如煙海，並不是所有古籍都需要進行數位化。古籍數位

化可以根據古籍的內容、性質、流傳情況等,從讀者的需求出發,採用不同的方法,或者建立古籍書目資料庫,或者進行古籍原文圖像複製,或者實現古籍圖文的數位化,或者實現古籍知識及關聯的數位化。古籍數位化的選擇要建立在對使用者的資訊需求充分調研的基礎上,面向數位化古籍的實際需求,考慮古籍自身的實用價值和需求程度。

(三)規範與標準

規範與標準直接關係到古籍數位資源的共用與利用。古籍數位化作業初期,格式不一。隨著古籍數位化進程的推進,標準和規範問題日益突顯,人們開始越來越認識到古籍數位化的規範和標準問題的重要性,它涉及古籍數位化的長期發展。規範化、標準化應貫穿古籍數位化建設的全過程,堅持選擇統一、通用的標準、協定與規範對古籍數位化的發展至關重要,其中包括著錄標準、分類標準、字形檔標準、格式規範等。只有標準和規範先行,古籍數位化才有可能實現資源的共用和最大限度的利用。

(四)品質的管控

古籍數位化的品質控制原則尤為重要。古籍數位化要求能夠客觀地反映古籍原貌,真實地傳遞其內容的知識和資訊。古籍不同於一般的現代文獻,字形檔問題是古籍數位化所面臨的一個很重要的問題,古籍中存在著大量的異體字、避諱字、通假字、繁體字等等。如何能夠保證數位化古籍的品質,事關能否真實地傳達古籍的資訊。傳承中華文化和服務學術研究是古籍數位化之目的,這更要求在古籍數位化過程中堅持品質控制的原則,多出精品。

（五）統籌的規劃

　　古籍是中華民族的巨大財富，從國家層面而言，古籍數位化的建設應該遵循統籌規劃、協調發展的原則。古籍數位化實踐分散於圖書館、學術研究機構、數位公司等各個獨立的單位，長期以來，形成了大量重複建設、資源浪費、品質良莠不齊等不利於古籍數位化順利發展的一系列問題。因而，古籍數位化需要各個部門相互協調、統一規劃，以提高古籍數化的整體效益，避免重複開發建設。

第六章　古籍數位化的發展歷程

一、數位化的開端

　　綜觀文明的演進，人類的生活隨不同環境展現出多元化的改革，15世紀德國商人古騰堡（Johannes Gutenberg, 1397-1468）以活字印刷技術，讓書籍能大量印製，造成知識的流通。到了 20 世紀初期，Micheal Hart 帶領的古騰堡計畫（Project Gutenberg），徵求由自願者參與將圖書數位化，為一項公共圖書館的運動，主要收錄西方傳統文學作品外，食譜、書目、期刊、樂譜等版權過期資源，當時規定作品都是免費的，任何人都可以自由取用與散布，倘若修改其內容或格式，則不可使用古騰堡計畫之名，此為最早數位化計畫的開始。

圖三十：約翰內斯・古騰堡（Johannes Gutenberg）
發明的第一台印刷機的雕刻

圖三十一：42 行聖經的第一頁（古騰堡聖經）

圖三十二：古騰堡聖經

圖三十三：古騰堡

　　細說古騰堡計畫（Project Gutenberg，簡稱 PG）依西方世界第一個採用活字刷的 15 世紀德國印刷商命名。它的任務是將公版著作（public domain）數位化，放在網路上供大眾自由取用。它的目標包含：（一）為社會大眾製作及散布電子文本；（二）所有的人都能接受，不受價格及近用性（硬體及軟體）的限制，電子文本沒有任何標價；（三）立即可用的電子文本，不需額外的調整，可被人眼及電腦程式讀取，甚至比紙本還受歡迎；（四）每年倍增電子文本[1]。

　　1971 年，麥克‧哈特（Michael Hart）創立古騰堡計畫。當年哈特在美國伊利諾大學（University of Illinois）就讀，擔任材料研究實驗室（Materials Research Lab）全錄 Sigma V 大型電腦的操作員。當時，麥克‧哈特及其兄弟的二個最好朋友，共同擔任該電腦的操作員，因緣際會得到可以無限制使用該電腦的帳號。這部電腦恰巧是當時網路上的 15 部電腦之一，也就是日後網際網路的起點，麥克‧哈特相信電腦終究會成為人人可及的工具。麥克‧哈特自述，取得帳號之後，經過 1 小時又 47 分鐘的思考，體會出電腦的價值在於它可以儲存、檢索的資訊，背包裡恰好有一份美國獨立宣言，就把它鍵入，成為古騰堡計畫的第一個作品，並把它寄給其他朋友。

　　古騰堡計畫志在散布公共文學及文化遺產，以「打破無知與文盲的阻礙」為其口號。因此，所有的作品都以純文字檔（plain ASCII）呈現，避過 PDF 等複雜且有爭議的檔案格式。

　　從 1971 年到 1993 年，古騰堡計畫只收錄了 100 本電子文本，這種進度完全符合電腦／網路的本質，起步慢但呈指數型態成長。到了 2010 年 10 月，已有包括中文在內的 59 種語文三萬三千多種電子文本。

---

[1]　毛慶禎，〈古騰堡計畫〉，《圖書館學與資訊科學大辭典》。
　　https://terms.naer.edu.tw/detail/ddf792b61965605d6ca93d88388a986d/?startswith=zh

古騰堡計畫在全球各地造成迴響，除了散布世界各地的志工之外，還有七個獨立的姐妹計畫：（一）澳洲古騰堡計畫（Project Gutenberg of Australia）；（二）加拿大古騰堡計畫（Project Gutenberg of Canada）；（三）古騰堡計畫聯合中心（Project Gutenberg Consortia Center），收錄世界電子書年展（World eBook Fair）的內容；（四）德國古騰堡計畫（Projekt Gutenberg-DE）；（五）歐洲古騰堡計畫（Project Gutenberg Europe）；（六）芬蘭魯內伯格計畫（Projekt Runeberg），收錄北歐文學；（七）印前本（ReadingRoo.ms），收錄已經完成但尚未出版的著作[2]。

二、古籍數位化的發展經過

傳統的出版物以文字、紙張、印刷為三大要素。紙張自漢代發明之後，至東晉，取代簡帛而成為書籍生產的主體材料，對人類文明產生了深刻的影響。印刷在宋之後成為書籍生產的主要方式，不論後來進行過怎樣的改良、革新或技術引進，其基本模式一直沒有發生根本性的改變，紙質的印刷書籍始終佔據著圖書市場的統治地位。但近幾十年來，隨著電腦技術的迅速發展，圖書的載體形式和閱讀方式悄然發生了變化，磁片、光碟和網路技術實現了知識傳播的飛躍，人類開始進入了數位資訊時代，古籍的數位化順理成章地成為歷史的必然選擇。

歷代典籍，如唐之《藝文類聚》、《北堂書鈔》，宋之《太平御

---

[2] Project Gutenberg, Free eBooks by Project Gutenberg. Retrieved June 14, 2011, from http://www.gutenberg.org.

邱炯友，宋雪芳，〈古騰堡計畫與電子文件建置之相關模式初探〉，《資訊傳播與圖書館學》5：3，1999，頁 27-38。

覽》、《冊府元龜》，明之《永樂大典》，皆稱巨製；康熙、雍正之
《圖書集成》亦足以比擬前朝。乾隆志大心宏，欲結集一空前之大叢
書，以傳後世，乃開設四庫全書館，並以紀昀（文達）、陸錫熊為總
纂；其時編纂諸儒皆極一時之選，其分工則以戴東原主經部，邵南江
（二雲）主史部，周書旨主子部，紀文達主集部，各展其長，探賾索
隱。歷代掌圖籍者皆持守藏之策，而鮮審訂之功，至清乾隆時始有大規
模之審校，其編纂、採訪、鈔藏人選，亦是前所未有。

　　清康熙乾隆四十九年（1784），完成中國歷史上最大規模的一套圖
書集成《四庫全書》編纂工作，總計高達三千六百多位文人學者參與，
其中繕寫人員更不計其數，它彙集了從先秦到清代前期的歷代主要典
籍，共收錄 3,462 種重要典籍，是研究中華歷史文化的重要文獻，更為
後世學者留下一份珍貴的研究紀錄[3]。

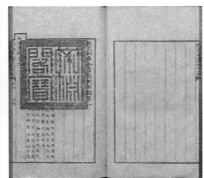

圖三十四：《四庫全書》　　　　圖三十五：《四庫全書》簡明
　　　　　　　　　　　　　　　　　　　　　　目錄

　　文淵閣《四庫全書》是七部書中最早完成的一部，至今保存完好。
自 1934 年起，上海商務印書館開始陸續影印文淵閣《四庫全書》中的

3　程運，〈四庫全書〉，《教育大辭書》。
　　https://terms.naer.edu.tw/detail/6d7617b5cbea689f61e25ef16afee3ec/?startswith=zh&seq=1

部分書籍，至 1986 年，才由臺灣商務印書館將全書整套印出，題名《景印文淵閣四庫全書》。

　　過去半個多世紀，學術界從影印本《四庫全書》得益良多，但從今天的角度看，影印本也存在明顯的不足，體積大、書價高、保存難、檢索不便；這些不足，影響並限制了該書的收藏、流通與利用。有鑒於此，1998 年由香港迪志文化出版有限公司與上海人民出版社、香港中文大學合作，出版電子版的文淵閣本《四庫全書》，利用光學字元辨識技術 （Optical character recognition；OCR）將超過四百七十多萬頁的原文圖像（約八億漢字），以掃描方式儲存於光碟中，是當時較大型的數位出版工程，提供包含標題及全文等兩種光碟版的檢索方式，數位化後的《四庫全書》資料庫，輔以資訊科技的檢索技術，提供便利的搜尋檢索功能，進而將知識再轉化，融入生活中[4]。

　　范子燁教授對於電子版的《四庫全書》有以下描述[5]：

> 電子版《四庫》的本質在於，它將華夏古國傳統的文化載體與當代世界先進的電腦技術珠聯璧合，交融無間；換言之，就是將距離甚遠，差異極大的兩種文化兩種文明，完美、和諧，令人不可思議地溝通起來。但是，電子版《四庫》並不是《四庫》原書的簡單而忠實的複製品。相對而言，在電子版《四庫》問世之前，《四庫》是死的；在電子版《四庫》問世之後，《四庫》變活了。過去，我們仰望《四庫》的蒼茫群山，即使想細細地觀賞某一簇奪目的林巒，或者涉足某一片崢嶸的岩岫，也是絕難做到的；縱目《四庫》的滔滔瀚海，即使我們要充分領略幾座海島的

---

[4]　請參考迪志文化出版有限公司 http://www.sikuquanshu.com/project/main.aspx 網站資料。

[5]　范子燁，〈咫尺應須論萬里：說電子版《四庫全書》〉，象牙塔 2003-10-29 0 摘自「書同文」公司網頁。https://www.chinafolklore.org/forum/redirect.php?tid=3231&goto=lastpost

旖旎風光，或者耽味它的萬狀濤瀾，也幾乎是不可能的。而電子版《四庫》的出現，使以往的諸多不可能成為可能。現在，我們借助它強大而完備的檢索功能，可以隨意掇拾山中的一塊卵石，可以盡情把玩海底的一粒細沙。也就是說，電子版《四庫》使《四庫全書》真正成為可資利用、借鑒和汲取的文化資源，從而實現並昇華了原書的價值。

　　談到古籍的數位化，其實，中文古籍的數位化最早是從電腦事業最發達的美國開始的。而最早的中文古籍書目資料庫是在 1978 年出現的，當時美國著名的線上檢索系統 OCLC 和 RLIN 就借助先進的技術，建立了《朱熹大學章句索引》、《朱熹中庸章句索引》、《王陽明大學問索引》、《王陽明傳習錄索引》、《戴震原善索引》、《戴震孟子字義疏證索引》等書目檢索資料庫[6]，便捷的檢索方式，向人們展示了現代資訊技術在傳統文獻整理與利用方面的卓越性能。

　　臺灣古籍數位化的發展規劃，早期主要是各研發單位的內部計畫，正是有這些計畫的規劃與支援，臺灣古籍數位化工作才有條不紊的進行，取得了顯著的成績。談到古籍數位化先驅，係由中央研究院 1984 年 7 月起執行「史籍自動化計畫」（現為「漢籍電子文獻資料庫」），收錄二十五史、十三經、清實錄、小說戲曲等各種歷代古籍叢書之電子全文。

　　「漢籍全文資料庫計畫」的建置肇始於 1984 年，為「史籍自動化」計畫的延伸，開發的目標是為了收錄對中國傳統人文研究具有重要

---

[6] 毛建軍，〈古籍索引的電子化實踐〉，發佈時間 2018 年 09 月 25 日。
http://www.cnindex.fudan.edu.cn/2018/0925/c1132a6641/page.htm
祁雪麗，〈芻議數位化背景下的古籍保護〉，《圖書管理》2011 年第 14 期(總第 207 期)，頁 103。

價值的文獻，並建立全文電子資料庫，以作為學術研究的輔助工具。資料庫內容包括經、史、子、集四部，其中以史部為主，經、子、集部為輔。若以類別相屬，又可略分為宗教文獻、醫藥文獻、文學與文集、政書、類書與史料彙編等，三十餘年來累計收錄歷代典籍已達一千四百四十三種（新增書目），八億五百七十二萬字，內容幾乎涵括了所有重要的典籍[7]。計畫往後將以原建置書目為中心，逐年增設主題，並擴增系統功能，為專家、學者以及愛好文化人士提供品質更優良的電子文獻，以及更完備的檢索工具。

在發展的過程中，中央研究院的「史籍自動化計畫」，是單位內自發性的研究。1998 年起，行政院國家科學委員會率先有計畫的規劃大型的「數位博物館專案先導計畫」、2000 年行政院科技顧問組委託中央研究院規劃「國家典藏數位化計畫」、2001 年文建會規劃「國家文化資料庫」計畫，都是由政府相關單位邀請學者有計畫的規劃、推動、執行。

數位化的典藏範圍，也從文字資料擴充到圖片、文物、聲音等多媒體資料。在功能方面，除了原有的典藏、流通、研究、教學等功能，更進一步為了資料的交換、典藏之需要，設計中文後設資料（Metadata，或譯為發詮釋資料）的格式，並與 XML（eXtensible Markup Language）技術結合，以協助使用者更方便、準確的從數位資料庫中擷取資料。在人才培訓方面，從早期仰賴資訊人才，培養研究助理協助計畫執行，迄今已有大學成立系所培養相關專業人才，也有不定期舉辦的研習班提供大眾研習。在應用於教學方面，教育部卓越計畫、國家數位博物館計畫、教育部提升大學基礎教育計畫引用文獻數位化的成果作為教學輔助

---

[7]　參考中央研究院歷史語言研究所「漢籍全文資料庫計畫」。
　　https://hanchi.ihp.sinica.edu.tw/ihp/hanji.htm

教材。

　　從整體看來，1984 至 1988 年是全文資料庫的初期研發階段。此時，全文資料庫的雛形業已完成，而史料則只輸入了前四史。1988 至 1990 年主要的工作是全文資料庫的改善和全部二十五史資料庫的完成。1991 年後的工作則約分兩路進行，史語所持續擴充數位化史料的量，計算中心則做系統維護、更新以及改版的事，其中為網際網路、HTML 所改的版，最為人知。

　　文化部「國家文化資料庫」收集之全國藝文資源中，也有其他古今、地方文學與古文書的全文影像資料[8]。宗教典籍方面，道教有中央研究院中國文哲研究所的「正統道藏」全文數位化作業；佛教細分經錄與經文，經錄部分有中華電子佛典協會的佛教藏經目錄數位資料庫，以及香光尼眾佛學院之藏經目錄整合查詢系統，經文部分包括佛光山和中華電子佛典協會製作的《大正》、《阿含》等藏經全文資料庫。其中，佛光山是以精選數部佛典加以新式標點，並附題解及註解，付費使用之方式經營[9]。中華電子佛典協會的「佛典集成電子藏經資料庫」，則按原書全文全套製作，並提供免費瀏覽下載，其經文之質量皆居漢文佛典數位化之冠[10]。

　　自從資訊科技普遍應用以來，數位化技術、資訊通訊科技與網路的發展對社會的影響日益深遠。以往，資訊科技對工作的影響是局部的，自從網際網路普及以後，改變了社會上各種溝通的行為，也改變了基本的知識表達、呈現及處理的方式，進而改變了學習與研究的態度及方

---

[8]　參見文化部「國家文化資料庫」。
　　https://nrch.culture.tw/exhibition/index.html
[9]　參見〈臺灣宋史研究網〉專題研究。
　　http://www.ihp.sinica.edu.tw/~twsung/OLD/subject/09/subject09frame.html
[10]　參見 CBETA 中華電子佛典協會 https://www.cbeta.org/cd/index.php

法。如今，資訊化對社會的影響已是全面的，且程度正急遽升高之中。無論在生活、工作、學習、休閒娛樂各方面，資訊科技已經逐漸改變了人們做事的基本態度、觀念及方法，揭開了社會文化、教育學習全面變遷的數位時代序幕。

「知識將成為產業最重要的資源」理論，早在 1960 年代就被提出，至 1970 年代已經廣為人知。以資訊科技改善組織的溝通與知識的管理，儼然成為產業與經濟發展的必要。而資訊科技的影響，並不侷限於無形的社會文化，對於有形的產業與經濟發展的影響更是深遠而且無所不至。

發展數位典藏與數位學習所需具備的基礎建設，包括電子資料庫建置經驗、民眾使用習慣與資訊利用教育、網路普及程度、政府各單位相關法規制訂、以及施政經驗、學術界的研究基礎、產業界應用服務能力與市場等。目前我國上網人口比例位居世界前茅，全國中小學均已連上網際網路。電子化政府、電子商務、寬頻固網、網路教學、網路醫療等也一一推動，學術界與研究單位在資料庫技術、資訊檢索技術、語言處理技術、網路技術、多媒體處理與表達技術等皆有相當基礎，民間企業不論是資訊技術、電子商務服務技術，也都日漸完善，整個發展數位典藏與數位學習所需的基礎建設已經相當成熟。

為創意推廣國家數位典藏與數位學習之應用，促進我國人文、社會、產業與經濟的發展，進而推廣臺灣經驗於國際社會，以拓展臺灣之國際舞台空間，永續經營國家重要文化資產，並發展數位學習產業及在學術研究與教育上的應用。另一方面，為妥善保存國家珍貴文物資源，並進一步充分運用，「行政院國家科學委員會」依據行政院所推展的「挑戰 2008：國家發展重點計畫」，特別於 2008 年 1 月 1 日正式執行「數位典藏國家型科技計畫」，將全國珍貴典藏品進行數位化，並建立資料庫，透過網路媒體的特性，與全民分享國家資源。

數位典藏的發展過程分為:

(一)啟動階段(1998—2002)

1980 年代我國即開始文物典籍自動化工作。早期公共典藏數位化工作,基本由民間自行進行。直到 1997 年政府才開始挹注資金進行典藏數位化,由典藏單位負責執行。

1998 年「行政院國家科學委員會」(簡稱「國科會」)推動制定「數位博物館」專案計畫,被視為進入數位典藏領域的開端。計畫的主要目標為:整合建立一個適合國情並具有本土特色的「數位博物館」,以發展教育性互通網絡。

此專案計畫原定於 2001 年結案,但持續以「國家典藏數位化計畫」執行至 2002 年,其目標在於將各機構所收藏的重要珍貴典藏文物加以數位化,以保存文化資產、建構公共資訊系統,促進精緻文化普及化、大眾化,資訊科技與人文的融合。

2000 年至 2002 年相繼展開的「國際數位圖書館合作計畫」則側重典藏於圖書館的數位資源整合與國際合作。2002 年考慮到臺灣整體發展,遂整編上述三項計畫,設立「數位典藏科技計畫」。

(二)發展階段(2002—2008)

2002 年 1 月 1 日的「數位典藏科技計畫」,旨在將政府或民間典藏的重要文物、史料、藝術作品等數位化,建立全臺數位典藏庫,有效提升知識的累積、傳承與運用,進而促進人文與社會、產業與經濟的發展。參與執行的重要典藏單位如:國立故宮博物院、國家圖書館、中央研究院、國立自然科學博物館、國立歷史博物館、國立臺灣大學圖書館等。典藏品的類型可分為 12 個主題,包括:動物、植物、地質學、人

類學、檔案、器物、地圖與遙測影像、金石拓片、善本古籍、考古與新聞等。

數位典藏科技計畫在整體運作上,整合同類型的數位化計畫內容,加強主題小組成員橫向聯系與協調,並以促進數位典藏單位間彼此交流為目的。為了讓數位典藏資源方便大眾使用,數位典藏計畫建立了一個整合性的聯合目錄,提供單一視窗的瀏覽與檢索功能,讓用戶同時檢索島內十餘個學術領域的數位典藏內容。

數位典藏計畫分為兩期,第一期計畫重點在數位化檔案、元數據描述等數位典藏的基礎建設工作,但這僅是數位典藏工作的起點。如何有系統地在學術研究、文化教育等領域,推廣應用成果,才是數位典藏的發展方向。2008 年開始,數位典藏計畫與數位學習計畫合併,將第二期計畫重點放在推廣與應用層面。

(三)加值應用階段(2008—2012)

為擴大加值應用數位典藏科技計畫第一期成果,「國科會」又持續主導第二期計畫,開始 2008 年至 2012 年的「數位典藏與數位學習科技計畫」,以拓展臺灣研究核心資源數位化為主軸,加強資源整合,推動卓越研究,期以知識創新帶動經濟發展,達到資源整合及產學研究的目的;發展多樣化服務管道,提供民眾資訊教育訓練的機制,照顧資訊弱勢族群,縮短數位落差,減少數位鴻溝對社會經濟產生的負面影響。

承載著各類知識的數位典藏品,經過資訊科技的轉化、重組及儲存,形成數位典藏。數位典藏單位將影音資料、圖表資料、檔、圖像及地圖等多種檔案素材授權給業界,業界再運用素材中蘊含的獨特的文化屬性,及故事題材與軼事典故,激發靈感,製作出各種加值商品,不僅增加了數位典藏的豐富度及吸引度,也拓展出新知識和新思維。

（四）永續經營階段（2012－今）

　　隨著 2012 年「數位典藏與數位學習科技計畫」的落幕，永續經營的議題隨之而起。原本仰賴政府資助的典藏單位，在之後的營運中必定受到相當程度的衝擊。在此情況下，若沒有辦法確保數位典藏的永續經營，那麼所投注的心力、作業、時間和金錢都將變得沒有意義，因此計畫也將重點放在「永續經營數位典藏」上，希冀將數位典藏嵌入產業鏈中，達到長久發展的目的。

　　在數位典藏的發展及執行過程中，第一期「數位典藏國家型科技計畫」與「數位學習國家型科技計畫」的目標，是將國家典藏文物數位化、提升全民數位學習素養、推動新一波數位學習學術研究、奠定國內數位學習與數位內容產業，積極地引進民間力量，有系統地推動相關產業的應用與成長，將成果發揮極致，加速整體發展之成效。

　　第二期數位典藏國家型科技計畫執行之初與第一期數位學習國家型科技計畫執行的末期，經過各分項計畫、各部會與機構計畫的努力，由不甚瞭解到走出自己獨特的發展，透過人文、歷史、資訊教育、管理等專家深入研究與積極規劃，並結合資訊技術，而賦予人文資產和數位學習於資訊社會的多元意義，也展現了人類文明的生命力。正由於數位典藏和數位學習計畫皆是一項巨大的工程，更是一項永續經營的任務。計畫團隊成員不斷的研究如何把數千年、數百年前文明時空的圖像、圖片以及文字，運用現代的科技以及核心技術，讓文化完整的保存。在邁入嶄新計畫交替之際，將更著重於成果的彰顯與落實。

　　由於資訊與通訊科技的蓬勃發展，數位學習已被視為提昇教育品質、營造優質學習環境、解除學習時空限制、改善教學資源管理的有效途徑，因此普受世界各國重視，本計畫將全力發展數位學習科技及應用，極力建構數位化學習環境，以達成縮短中小學城鄉數位落差，均衡

數位資源；建構優質數位學習內容，加強師生資訊應用能力與網路學習素養之目標。

　　放眼整合後之「數位典藏與數位學習國家型科技計畫」，本計畫於第一期所培養出的人才，已成為一具有創新、研發能力的數位發展技術團隊，能使臺灣可以協助其他國家推動相關的計畫。故透過國際整體性合作或跨國計畫的運作，將積極推動國際合作交流，將臺灣的文化智慧經濟推向世界各地，讓世界看見臺灣競爭力的重要一環。未來數位化典藏與學習將可望拓展語言、自然科學和數位教育等方面，例如生物以及文化，多樣性的整合研究成果，結合政府、大學及民間資源，擴大國家對外語文教學市場，建立優質臺灣品牌華語教學，增進華語師資能力，使臺灣成為全球推動華文文化數位典藏與數位學習的重鎮。

　　數位典藏與數位學習國家型科技計畫所涉及的層面包括文化、學術、經濟、教育、外交、社會及民生等，並涵蘊學術研究、產業發展、及種種應用等層次，對國家未來的發展關係甚大。這項工作所產生的效益至少包括下列七項：

　　（一）有利於重要文化資產的保存及新文化的創造。

　　（二）改善學術研究工具，發展未來的學術研究環境。

　　（三）促進知識經濟與產業的發展。

　　（四）建立華語文數位教學的國際地位。

　　（五）豐富教育素材，協助推動正規教育、終身學習與遠距教學。

　　（六）有助於參與國際性的計畫與組織，開拓臺灣在國際社會的發展空間。

　　（七）促使學習資源開放與學習機會均等，以建立公平社會。

　　「數位典藏與數位學習國家型科技計畫」的參與單位從中央研究院、國立臺灣大學、國立故宮博物院、國家圖書館、國史館臺灣文獻館、檔案管理局等重要的機關單位，並同時以公開方式徵選邀集大學院

校共同投入，納入民間資料的蒐藏，體現台灣典藏品的完整性。而在這些參與計畫中，與古籍線裝書數位化相關的計畫，包含：國立故宮博物院、國家圖書館、中央研究院歷史語言研究所傅斯年圖書館，以及國立台灣大學圖書館參與國家文化資料庫計畫等，結合電腦科技、資訊數位化與古籍相關的「裝訂形式」、「古籍附圖」、「人名權威」、「印記」、「書影」跨古籍的整合，促使「知識」的獲取從被動轉為主動，數位化成果促使古籍不再只是典藏於實體圖書館中。若想要再一窺清代宮中藏書面貌，在國內你可以選擇故宮博物院圖書文獻處所建置的網站，或直接進入到國家圖書館的「認識中國古書」網站更附上精美的圖片，精簡扼要的簡介古籍內涵以及外觀，如同互動式教學一般帶領讀者一同認識古書，若想搜尋與印記、人名權威、書影等詳盡的線裝書資料，不能錯過由中央研究院歷史語言研究所傅斯年圖書館所建置的「人名權威資料庫」、「印記資料庫」、「善本圖籍資料庫」等。

三、數位典藏計畫的成功經驗

（一）政府統籌規劃

臺灣數位典藏相關計畫，在政策的持續推動下，逐漸形成與完善。從 1998 年開始，臺灣數位典藏工作在行政主管機關逐層推進的政策支持下，先設置分階段發展計畫，再在各計畫下設分計畫、子計畫，同時配有技術支援計畫與推廣計畫，相輔相成，整體推進。這一系列政府計畫，被有規劃有步驟地執行推動，完成了從數位化到產業鏈的建置。

（二）積極與市場媒合

我國臺灣數位典藏秉著非營利機構的宗旨，在科技計畫的支持下依靠政府或學術單位所提供的人力、物力、財力，建置各項數位典藏內容與系統。但隨著政府補助日益緊縮及計畫的結束，檔案部門需要自己開拓視野，獨立自主地營運下去。所以在計畫執行的後期，檔案部門運用數位典藏品潛在的市場價值，積極與業界合作，共同開發出具有獨特創意與文化品位的商品，不僅有效宣傳了文化寶藏，而且也使自身得到永續發展。

（三）注重溝通協調

檔案資源數量龐大，卷帙浩繁，又常常分散在不同單位。同一主題或相關內容串聯起來，方能構成全宗而在同一主題下展示所有內容。我國臺灣數位典藏工作注重各單位的協調配合，一方面注重檔案的主題全宗；另一方面，落實技術、知識等數位化的相關標準，共同整合、規劃、開發資源。如中央研究院在下設各重要單位成立協調委員會，選出召集人，負責銜接工作。協調委員會成立之後，借著定期討論、溝通、協調、轉化為以全院發展方向為考慮的統合性工作，工作重點包括數據內容及規格的整合、對外合作開發規範的建立、工作方向的規劃、經費的爭取、出席及召開研討會等，項目繁雜而細緻。

（四）立足法律法規

數位典藏的成果運用，不僅關乎政府規劃、市場媒合與各單位之間的協調配合，所面臨的最大困境是智慧財產權的相關限制。有些檔案部門對典藏品只享有物權，沒有著作權，所以加值或重製須徵得著作人的

同意。如著作權法規定公開傳輸權為著作權人專屬權利，非經權利人授權即無法進行傳輸資訊的服務。

檔案部門即使有合理使用的機制，亦應審酌利用的目的、著作的性質、所占的比例及是否影響著作潛在市場與現在價值，將這些作為判斷的基準。其他尚有肖像權、公開播送、公開展示等等各種權利，以及專利權、商標權、營業秘密，以至於「原住民族傳統智慧創作保護條例」等規定，都制約了數位成果的推廣利用。

為利於中文文獻資源共建共享，國家圖書館於 1998 年以臺灣地區古籍書目為基礎建置「臺灣地區善本古籍聯合目錄」。資料庫彙整中國大陸、日本、歐美地區古籍收藏量居前的圖書館資料庫。2012 年 12 月起，更將聯合目錄整合至「古籍與特藏文獻資源」網（http://rbook2.ncl.edu.tw），並更名為「中文古籍聯合目錄」，積極拓展全球合作單位。

2012 至 2015 年間，共計新增 22 所合作機構，包括德國巴伐利亞邦立圖書館、加拿大多倫多大學圖書館、法國國家圖書館及法蘭西學院、美國耶魯大學圖書館、德國萊比錫大學圖書館、日本京都大學人文科學研究所、德國慕尼黑大學漢學研究所、捷克科學院東方研究所魯迅圖書館、梵蒂岡圖書館、馬來西亞大學圖書館、澳洲國立大學圖書館、英國牛津大學、法國里昂市立圖書館、大英圖書館、法國里昂第三大學、比利時魯汶大學。

2016 年再新增波蘭華沙大學東方研究學院圖書館、比利時皇家圖書館、美國加州大學洛杉磯分校圖書館、韓國首爾大學圖書館、韓國國立中央圖書館、韓國國會圖書館、波蘭亞捷隆大學圖書館及匈牙利科學院圖書館等 8 所合作單位。

2017 年至 2022 年，亦新增斯洛維尼亞盧比亞納大學、日本關西大學圖書館、美國伊利諾大學香檳分校圖書館、美國灣莊漢和圖書館、丹

麥皇家圖書館、義大利威尼斯大學圖書館、蒙古國立大學圖書館、新加坡大學圖書館、挪威奧斯陸大學圖書館、美國堪薩斯大學東亞圖書館、加拿大維多利亞大學圖書館、美國史丹佛大學圖書館、匈牙利羅蘭大學圖書館與德國海德堡大學圖書館等。目前已有 90 個合作館齊力建置中文古籍聯合目錄，總收錄逾 84 萬筆中文古籍書目[11]。

　　蔣經國國際學術交流基金會所主導的「古漢籍善本數位化資料庫合作建置計畫」，邀集四大漢籍典藏重鎮：中央研究院傅斯年圖書館、美國國會圖書館、哈佛大學燕京圖書館及普林斯頓大學東亞圖書館，由各館自其館藏中挑選約三百種罕見之珍貴漢籍古書，進行數位掃描，完成史無前例的重要文獻保存工作。

　　該計畫由各館先挑出三百種罕見的珍籍，進行數位化掃描，為此數據庫的一大特色。並保留善本古籍的原貌，且在各國圖書館即可隨機閱讀，不僅具有歷史意義和研究價值，亦方便學者利用。四館採用統一系統規格，借重傅斯年圖書館已有的開發經驗，彰顯臺灣於此領域的領導地位。

　　傅斯年圖書館館藏善本珍籍四萬餘冊，收藏量雖非最豐，然其中頗多世間罕見秘籍，如北宋刻南宋遞修本《史記》、南宋刻本《南華真經》與《文苑英華》等三書為傳世孤本，稱為「鎮館三寶」。美國國會圖書館以一億三千八百萬冊的館藏量，成為圖書館歷史上的巨無霸。它藏有中國古代的善本書籍五萬多冊，歷史最久遠的，當屬其中一卷《一切如來》的書；最具學術價值的鎮館之寶是四十一冊的《永樂大典》。同時還收藏兩套《古今圖書集成》各一萬卷、五千零四十四冊的大書，其中一套是清朝政府為答謝美國政府退還庚子賠款特別致贈的，別具意

---

[11] 參考國家圖書館〈中文古籍聯合目錄〉資料庫簡介。
　　 https://rbook.ncl.edu.tw/NCLSearch/Search/Index/2?tab=3

義。哈佛大學燕京圖書館成立於 1928 年，但哈佛大學早在 1879 年（清光緒五年）就設有中文講座，並開始收集中文書刊。目前館藏的中文古籍有十五萬冊，收藏之豐，在歐美大學近百所東亞圖書館的排名堪稱第一，即使和中國大陸各大學圖書館相較，除了北京大學，其餘圖書館幾乎難望其項背。館藏除編目與書志非常具有學術價值之外，滿、漢、藏、蒙、越、納西族文字等圖書，也是該館的一大館藏特色。普林斯頓大學東亞圖書館收藏中國圖書十萬多冊，其中四萬多冊均為收藏家的珍愛之物。胡適曾擔任該館館長，並形容這不是一所「普通的圖書館」。該館最大特色是擁有一批明朝以後的醫書五百多種，且收集中國印刷書籍最多（遠溯到明朝，其中十分之一印於景泰末年之前），同時收藏極為珍貴的磧砂藏（宋末元初「平江路磧砂延聖寺」刻的藏經）[12]。

　　敦煌石窟創建於前秦，歷經北涼、北魏、北周、隋、唐、五代、宋、西夏、元代相繼開鑿，已蔚為世界藝術的寶庫，且被列為世界文化遺產。近年來數位科技之日新月異，已為敦煌石窟藝術的研究，帶來新的契機。中央研究院歷史語言研究所、國家圖書館與大英圖書館「國際敦煌項目」（International Dunhuang Project；IDP）簽定合作協議，將館藏敦煌文獻數位資料提供予大英圖書館，經由「國際敦煌項目」可閱覽到各國相關文獻[13]。另由傅斯年圖書館建置敦煌網站，以完整呈現建置此案的始末。如此豐富的中國古籍，如要進行資源分享，除了以數位化保存外，完整的資料庫建置是不可或缺的重要工作。

　　臺灣地區比較著名的古籍數位化檢索系統有國立故宮博物院提供的

---

[12] 參考蔣經國國際學術交流基金會「古漢籍善本數位化資料庫合作建置計畫」。
　　 http://www.cckf.org/zh/xp/00007
[13] 曾淑賢〈我國國家圖書館國際交流與合作之探討〉，《國家圖書館館刊》106 年第一期（2017.06），頁 22。
　　 參見傅斯年圖書館藏敦煌文獻網站資料 http://lib.ihp.sinica.edu.tw/03-rare/dunhuang/01-1.htm

「圖書文獻數位典藏資料庫」，該資料庫整合舊版「善本古籍」、「明清輿圖」、「清代宮中檔奏摺及軍機處檔摺件」、「清代文獻檔冊」、「大清國史人物列傳及史館檔傳包傳稿」等 5 種全文影像資料庫[14]；國家圖書館提供的〈古籍影像檢索系統〉，該系統將館藏重要的珍貴善本加以數位化，放置在網路上建置「古籍影像檢索系統」提供各界使用。另外，自 2006 年至 2022 年期間，多方與國際相關機構（美國國會圖書館、美國華盛頓大學圖書館、美國柏克萊加州大學、法國國家圖書館、韓國國家圖書館、普林斯頓大學東亞圖書館、美國史丹佛大學圖書館、英國牛津大學圖書館、日本九州大學圖書館）與國家圖書館進行古籍數位化合作[15]。將掃描書籍影像將在完成整理、建檔與上傳後，呈現於本資源線上平台，俾利讀者參閱及使用。

四、古籍數位化的成效

臺灣中文古籍數位化的發展較早，早在 20 世紀 70 年代末就開始了中文文字的資訊處理技術研發，80 年代開始較大規模、有規劃的古籍數位化資源的開發，90 年代中期以後古籍數位化作業納入「國家典藏數位化計畫」等大型規劃中，更是取得了令人耀眼的成績。經過 20 多年的發展，臺灣古籍數位化作業在資料庫建置管理、資訊處理技術規範以及資料庫的數量、質量、資源分享等方面均處於領先地位。從現有的資料經過成果分析，可以列出臺灣古籍數位化成果的特點主要有以下三

---

[14] 參見國立故宮博物院「圖書文獻數位典藏資料庫」網站資料。
https://tech2.npm.edu.tw/museum/Article.aspx?sNo=03009124

[15] 參見國家圖書館「古籍影像檢索系統」網站資料。
https://rbook.ncl.edu.tw/NCLSearch/home/info

個方面：

（一）聯合目錄資料庫、收錄範圍跨越國界

古籍聯合目錄資料的建置不僅是圖書館開展古籍服務的工具，也是古籍整理的基礎工作，認識到其重要性，臺灣早在 1970 及 1980 年分別編撰了紙本聯合目錄《臺灣公藏善本書目名索引》以及《臺灣公藏普通本線裝書目書名索引》。

臺灣古籍書目資料庫的建置始於 20 世紀 80 年代，最初主要是各個單位自主研發。為了開發較為完整的古籍善本資料庫，1998 年 4 月由國家圖書館帶領，聯合善本古籍收藏較有規模的故宮博物院、臺灣大學、國立中央圖書館臺灣分館（現為國立臺灣圖書館）、中央研究院史語所圖書館等 10 餘家單位圖書館，共同制定了「臺灣地區善本古籍聯合目錄建檔計畫」，逐成「臺灣地區善本古籍聯合目錄資料庫」。隨後，另邀請大陸港澳等地區圖書館提供資料測試，採購中國國家圖書館古籍書目資料，彙整大陸、日本、美國、歐洲等地中文古籍收藏量居前的多家圖書館古籍書目資料庫，2004 年 8 月建成「中文古籍書目資料庫」。該資料庫收錄的古籍書目以 Metadata 格式表達，並選定若干核心書目欄位加以呈現，提供符合國際標準的 Metadata 書目資料匯出功能，實現資源共建共用。至 2022 年底，該庫收錄海內外 90 家圖書館所藏古籍書目資料 84 萬餘筆，為國際包含書目量最多的古籍資料庫，並為全球範圍內提供免費查詢檢索服務。

此外，臺灣還建有聯合目錄「數位典藏聯合目錄」，該聯合目錄乃是「數位典藏國家型科技計畫」所建置，提供臺地區數位化典藏藏品的檢索與搜尋，是作為數位典藏計畫成效的目錄性展示平臺。該目錄不僅可作為教育研究素材與產業應用加值目錄，同時也是提供學術研究、教

育發展與企業應用的最佳瀏覽平臺。其內容主題劃分為：動物、植物、地質、人類學、檔案、地圖與遙測影像、金石拓片、善本古籍、考古、器物、書畫等 12 個，提供分類目錄瀏覽與全文檢索服務。

（二）資料庫規模大、資源分享度高

進入 20 世紀中期以後，臺灣古籍數位化作業納入大型的「國家典藏數位化計畫」等規劃中。有政府的大力支持，臺灣古籍數位化的研發規模、資源分享等方面均取得突破性進展。在數位化成果方面主要表現為資料庫規模繼續增大，資源分享度持高。其中規模最大、在全球享有盛譽的資料庫當屬中央研究院的「漢籍電子文獻資料庫」。該資料庫的建置肇始於 1984 年，其時鑒於意識到科技對人文領域的強烈衝擊，而開始規劃。其目的是選擇對中國傳統人文研究具有重要價值的古代文獻，建立電腦全文資料庫，作為學術研究的輔助工具。1995 年之後，積極開展國內外合作關係共用共建古籍資源。

目前該資料庫包含整部二十五史、整部阮刻十三經、諸子古籍 34 種、大正新修大藏經、上古語語料庫、臺灣史料、文心雕龍、清代經世文編、詞話集成、新清史──本紀、樂府詩集等，提供品質更優良的電子文獻，以及更完備的檢索工具，普及文史教育而向臺灣大中小學師生免費開放。

此外，共用的資源庫，還有國家圖書館的「古籍影像檢索系統」、「善本叢刊影像先導系統──明人詩文集初編資料庫」、「金石拓片資料庫」等全部古籍料庫，以及「中華電子佛典線上藏經閣」等。這些資料庫的內容規模仍在不斷的更新與添增當中。

（三）合理分工合作、成果產品多元化

臺灣古籍數位化的研發很注重協調與合作，如在「數位典藏國家型科技計畫」下，組織參與該計畫的有 8 家單位：「中央研究院」、「國立自然科學博物館」、「國立故宮博物院」、「國立臺灣大學」、「國立歷史博物館」、「國史館」、「國史館臺灣文獻館」、「國家圖書館」等，同時又成立了工作小組，分別負責內容規劃、技術研發、應用服務、訓練推廣、運營管理等工作。這樣的分工與合作，促進了數位化成果呈現多元化的趨勢。在實現原典數位化的基礎上， 臺灣古籍數位化成果多元化主要表現為：

1.資料的形式從文字資料擴展到多媒體資料，其產品特性、協助工具也越來越豐富，回應了不同的使用需求，如「不朽的殿堂——漢代的墓葬化與文化」，結合文字、影像、原典與研究資料的綜合文獻，引用 3D 動畫技術虛擬漢代墓葬文化，展現了多樣的文獻資料風貌，同時具備史料研究、教學參考、大眾普及等多種功效[16]。

2.資料庫從文獻原典擴充為研究專題資料庫、古籍影像資料庫、多媒體教學系統等形式，如漢學研究中心的「明人文集聯合目錄及篇目索引資料庫」、國家圖書館的「古籍影像檢索系統」、元智大學的「《紅樓夢》網路教學研究資料中心」等。

3.資料庫的框架也從單一式發展到立體式，從而具備了多種用途功能，如元智大學的「網路展書讀資料庫」從原來一般全文檢索資料庫規劃成 5 個部分：唐宋詞全文資料庫、研究論著資料、詞文分析資料庫、DIY 個人工作平臺、網路教學討論區，這些資料庫相輔相成，相得益

---

[16] 「不朽的殿堂——漢代的墓葬化與文化」參見典藏臺灣成果網站資源。
https://digitalarchives.tw/site_detail.jsp?id=681

彰[17]。

　　4.「《紅樓夢》網路教學研究資料中心」（1992 至 1999 年建置），雖為早年建置網站，但對於《紅樓夢》文本之整理（如人物索引）至今依舊深具參考價值。該系統代表了古籍數位化多元化應用的典範。系統利用多媒體、超連結等網路技術，多樣化的整合《紅樓夢》及其相關資料，強調呈現《紅樓夢》文化內涵以及其他相關的中國文化知識。即系統內容除了《紅樓夢》全文及研究論著資料，還收集了文化藝術圖像及聲音資料，包括《庚辰本脂硯齋重評石頭記》全文影像資料、樂曲資料、飲食資料——紅樓宴、建築資料——大觀園、相關文物資料、繪畫資料、戲曲資料、《紅樓夢》歷代著作書影資料、服飾、書畫、工藝資料等，相當於在網路上建構了一個虛擬的《紅樓夢》數位文化藝術展覽館[18]。

　　總之，古籍數位化在保存與共用、利用與研究、文化傳承等方面具有舉足輕重的作用。目前，古籍數位化的研發已從個別行為上升到有計畫、有組織、規模化、規範化的發展過程，其相關規劃納入國家政策性的發展規劃中，對古籍數位化作出了相應的計畫支持與政策引導，這對於古籍數位化未來的發展具有重大的意義。

　　整體來說臺灣的古籍數位工程在資料量、技術含量、運作方式等方面均比內地領先一步。以下重點列舉中文古籍資源相關網站及資料庫，以資參考。

---

[17] 「網路展書讀資料庫」參見 http://cls.lib.ntu.edu.tw/

[18] 「《紅樓夢》網路教學研究資料中心」參見 http://cls.lib.ntu.edu.tw/HLM/home.htm

五、中文古籍資源相關網站及資料庫

（一）古籍影像檢索

https://rbook.ncl.edu.tw/NCLSearch/Search/Index/1

　　臺灣國家圖書館所保存的善本書以宋、元、明、清善本為主，總計寫本、刻本凡 12,000 餘部，近 13 萬冊，再加上普通線裝書古籍，約有善本舊籍中文 260,760 冊。

　　鑑於本館長期累積豐富古籍文獻數位化經驗，海外中文古籍典藏單位多盼藉重本館數位化之經驗與技術，協議合作進行數位化，使存留於海外的古籍（含文獻）得以數位化的方式為臺灣學界所用，並進一步充實國圖館藏。

　　因此，本館乃利用教育部與國科會經費，自 2006 年至 2022 年期間，多方與國際相關機構與圖書館進行古籍數位化合作。掃描書籍影像將在完成整理、建檔與上傳後，呈現於本資源線上平臺，俾利讀者參閱及使用。本系統將館藏與國際合作古籍相關書目訊息以詮釋資料（Metadata）格式提供查詢，以方便利用，使用者無論從善本書的書名、著者、版本，乃至於序跋者、刻工、版式行款等各個角度來檢索，都可以查出所需要的古籍資訊。書籍如已完成數位化，在查詢時將會同時顯示書影。

（二）中文古籍聯合目錄

https://rbook.ncl.edu.tw/NCLSearch/Search/Index/2

　　為利中文文獻資源共建共享，國家圖書館於 1998 年以臺灣地區古籍書目為基礎建置「臺灣地區善本古籍聯合目錄」。資料庫彙整中國大

陸、日本、歐美地區古籍收藏量居前的圖書館資料庫。2012 年 12 月起，更將聯合目錄整合至「古籍與特藏文獻資源」網（http://rbook2.ncl.edu.tw），並更名為「中文古籍聯合目錄」，積極拓展全球合作單位。目前已有 90 個合作館齊力建置中文古籍聯合目錄，總收錄逾 84 萬筆中文古籍書目。

（三）國立故宮博物院圖書文獻數位典藏資料庫

https://rbk-doc.npm.edu.tw/npmtpc/npmtpall?@@0.7298079264294512

【善本古籍】

國立故宮博物院所藏善本古籍及佛教經典，除了承繼清宮舊藏之外，也有源自楊守敬於晚清在日本蒐採的觀海堂藏書，及民國七十四年由教育部撥交本院典藏的原國立北平圖書館善本，復增益以歷年接受各界捐贈暨購藏者。本資料庫包含院藏善本舊籍之基本條目、後設資料（Metadata）、影像連結，採「部」－「冊」－「圖」架構，按原書之卷次篇目連結影像檔，提供使用者不同欄位的查詢方式，便於檢得所需資料。

【明清輿圖】

明清輿圖類文獻，多數來自於前國立北平圖書館輿圖部特藏，外觀形態多呈現單幅形制（冊、件），另有收錄大量散存附刻於古籍書冊內的古地圖（或附屬於書冊，與古籍同貯的古地圖）；本資料庫特別精選故宮典藏明清輿圖之精粹，其內容概分天文、水路路程、名勝、寺廟、江河湖渠、行宮、其他、建築、軍務戰爭、陵墓、輿地、礦廠、鐵路等十三大類，除提供使用者由輿圖圖名、地名、年代、語文、質材、版式進行交錯查詢，亦可搭配輿圖所屬類別之樹狀圖檢索，提供讀者清晰之輿圖圖像瀏覽。

（四）中央研究院歷史語言研究所傅斯年圖書館數位典藏資料庫整合系統

https://ihparchive.ihp.sinica.edu.tw/ihpkmc/ihpkm?@@0.7714831036726586

「史語所數位典藏資料庫整合系統」（IHP Digital Archives Online）含括本所歷年所建置之數位典藏成果，內容包含考古資料、漢代簡牘、金石拓片、善本古籍、印記、中國西南少數民族、內閣大庫檔案等12個資料庫，近76萬筆資料。藉由本系統，使用者可以進行跨資料庫查詢，一次查詢原本分散在各資料庫的內容，提升查詢的速度和方便性。使用者也可以針對單一資料庫進行更深入的進階查詢，在廣度及深度上皆能滿足不同查詢需求的使用者。另外，本系統也增加了若干工具，如查詢結果分析、會員收藏、影像比對、資料引用及輸出等，方便使用者進一步利用檢得的資料。

（五）中央研究院漢籍電子文獻

http://hanji.sinica.edu.tw/

本資料庫的建置肇始於民國七十三年，開發的目標是為了收錄對中國傳統人文研究具有重要價值的文獻，並建立全文電子資料庫，以作為學術研究的輔助工具。是目前最具規模、資料統整最為嚴謹的中文全文資料庫之一。資料庫內容包括經、史、子、集四部，其中以史部為主，經、子、集部為輔。若以類別相屬，又可略分為宗教文獻、醫藥文獻、文學與文集、政書、類書與史料彙編等，二十餘年來累計收錄歷代典籍已達四百六十多種，三億五千八百萬字，內容幾乎涵括了所有重要的典籍。計畫往後將以原建置書目為中心，逐年增設主題，尚期為專家、學者以及愛好文化人士，提供品質更優良的電子文獻，以及更完備的檢索

工具。

（六）國立臺灣師範大學圖書館善本古籍數位典藏系統

http://da.lib.ntnu.edu.tw/rarebook/ug-0.jsp

　　國立臺灣師範大學典藏古籍包含善本書及線裝書共計 25,880 冊。為妥善保存善本古籍，臺師大圖書館自民國91年9月起推動集中典藏，設善本書室，採恆溫恆溼設備，定期進行熏蒸、除蟲作業，並採閉架式管理，以有效保護善本古籍。且為兼顧利用之目的，編有「國立臺灣師範大學圖書館善本書目」、「國立東北大學寄存線裝書分類目錄」、「國立臺灣師範大學普通線裝書目」三冊書本式目錄及陸續將善本圖書書目資料建入館藏目錄供讀者查詢用。

　　近年來資訊科技的進步促使圖書館不斷改善典藏品的利用方式，以提供讀者更便捷的服務。臺師大圖書館為方便讀者可以無遠弗屆地利用珍藏的古籍，也避免古籍因一再借閱而受損，特規劃數位化作業，於94 年度申請教育部補助卓越教學計畫中提列「本校珍藏古籍及藝術品數位典藏」項目，自95年7月起，每年編列經費執行善本書掃描工作，截至 111 年 12 月止，已掃數量為 527 種，至目前建檔 4,055 冊、完成293,363 葉。

　　自 97 年起，陸續建置善本古籍數位典藏系統，將已掃描之善本古籍全文影像上網供讀者使用。本系統將提供館藏古籍之相關書目資料，讀者可檢索古籍之類型、題名、作者、索書號、師大圖類目、版本、序跋題校者、出版時間、主題等，在校內網路可瀏覽到整部古籍影像，這批數位典藏品將可成為重要的漢學研究資源。

（七）私立東海大學圖書館線裝書資料庫

http://140.128.103.27/libbook/

東海大學從籌備期起，為維護傳統文化，即致力於蒐購線裝古籍，已有超過一萬種、六萬冊。在系統於查詢結果畫面顯示 ◎ 圖示者，表示該書可觀看書影，出現 ▤ 圖示者，表示該書有簡明目錄。線裝書資料庫設立書影的檔案傳送欄，能將館藏的線裝書足以說明其版本的葉碼掃描成書影，供遠端的讀者配合簡明目錄所載，瞭解圖書館典藏版本概況。並將館藏線裝書分項羅列，書名部分則完整的標明其卷數與冊數，作者編校者則完整記載該書所有的參與者，並註明其版本，至於版式行款與有所考訂則採 PDF 檔的方式附在各書項下。

（八）寒泉古典文獻全文檢索資料庫

http://skqs.lib.ntnu.edu.tw/dragon/

本資料庫由臺灣師範大學國文系陳郁夫教授所架設，由「中國教育投資基金會」贊助。資料庫完成後，在故宮文獻處處長吳哲夫先生的推薦下，架設於故宮博物院網站。又於 2007 年，另架新站於國立臺北大學。本資料庫歷經三變，「故宮寒泉」收錄的典籍包括網路上較為常見的十三經（不包含注疏）、《資治通鑑》、《先秦諸子》、《宋元學案》、《明儒學案》、《朱子語類》、《全唐詩》、《紅樓夢》等。而臺灣師範大學分站所收則多出《二十五史》及《太平廣記》，範圍更廣。

（九）中華電子佛典線上藏經閣

http://buddhism.philosophers.org/

中華電子佛典協會（Chinese Buddhist Electronic Text Association，簡稱 CBETA）由「北美印順導師基金會」與「中華佛學研究所」於 1998 年 2 月 15 日贊助成立。其目的為免費提供電子佛典資料庫以供各界作非營利性使用。

CBETA 電子資料庫是以《大正新脩大藏經》（大藏出版株式會社（C））第一卷至第八十五卷為底本。該系統提供線上瀏覽和下載兩種方式。

六、中國大陸古籍數位化的概況

數位化是再生性保護的重要手段。古籍數位化是指利用現代資訊技術實現對古籍的加工處理，將原始檔轉化成電子資料形式，並通過光碟、網路等介質進行保存、傳播和利用。

中國大陸何時使用電腦進行數位化古籍整理，現在還不十分確切。大概在 20 世紀 70 年代中期，四川大學歷史系的童恩正教授等就曾嘗試過用電腦進行甲骨文的綴合。至於用電腦進行古籍整理的數位化嘗試，比較早的是 20 世紀 80 年代初江蘇學者彭昆侖先生與南京工學院合作完成的《紅樓夢》檢索系統[19]。

從 20 世紀 80 年代起，大陸的一些機構和個人就已經著手進行古籍數位化的嘗試，但影響不大。90 年代以後，部分省市大型圖書館在進行電腦書目作業的同時，啟動了古籍全文資料庫作業的步伐。中國大陸古籍數位化的發展經歷了資料庫版、光碟版、網路版這三個不同

---

[19] 岳占偉，〈中文古籍數位化的成就與挑戰〉，《殷都學刊》，2004 第 4 期，頁 101。

的階段[20]。

　　第一階段，起源於 20 世紀 80 年代，伴隨電腦技術的發展，借助電腦對古籍資料進行目錄檢索，並編製索引，以改進古籍的檢索方式。古籍數位化最初以書目資料庫的形式為主，它始於南京圖書館、遼寧圖書館、浙江圖書館等省市級圖書館，為方便讀者相繼建立了館藏古籍書目資料庫。古籍書目資料庫有設立書名目錄、著者目錄、分類目錄等，可以透過輸入古籍書名檢索該古籍的全部版本，也可以透過輸入著者名檢索館藏全部相關書目。此後，又產生了全文資料庫，它將古籍全文錄入，轉化為電子文本，提供使用者查閱。隨著時代的進步，在書目資料庫與全文資料庫發展的基礎上，又出現了綜合檢索系統，不僅實現了任意字、詞和字串的檢索，還實現了按條件檢索，擴大檢索的範圍，不僅能夠對文本和書目檢索，也能對古籍的詞句、注釋、標題等內容進行全面檢索。例如，中國社科院的《全唐詩》資料庫檢索系統，不僅可供快速查檢《全唐詩》中任何作品的字、句、標題、注解，還可以查找該作品在《全唐詩》中的冊、頁、行數。

　　第二階段，起源於 20 世紀 90 年代，出現了以光碟為載體，成為當前古籍數位化的主導方向。透過目錄進行查詢、瀏覽原文的影像頁的古籍文獻或古籍資料庫，所以又稱為光碟版古籍。光碟版古籍包括圖像版、全文版和圖文版三種形式。

　　圖像版是利用掃描技術將古籍以圖像方式存入光碟，技術簡單、容易操作，而且可以保存古籍原貌，因而成為中國大陸採用較多的一種方式。如武漢大學出版社以文淵閣本《四庫全書》作為底本，對全書兩百

[20] 崔雷撰，《中文古籍數字化研究》，吉林大學碩士學位論文，2016 年 6 月，頁 6-11。
陳陽，〈中文古籍數位化的成果與存在問題〉，中國電子與網絡出版 2003 年 09 期。
陳力，〈中國古籍數位化的現狀與展望〉。
http://kanji.zinbun.kyoto-u.ac.jp/kansekikyogikai/chenli.pdf

餘萬頁內容進行掃描識別，轉化為電子文件，並製作「四庫全書光碟版」資料。

全文版以文本形式將古籍存儲於光碟上，並在全文檢索系統的支援下，對文本實行逐字逐詞檢索。它雖然不能像圖像版那樣保持古籍原貌，而且文字錄入的難度也相當大，但由於具備方便快捷的檢索功能，且佔據的存儲空間要遠遠小於圖像版，所以仍有較大優勢。

圖文版的優勢較之前兩類更加明顯。其一，它既具備方便快捷的檢索功能，又能讓使用者瀏覽古籍原貌；其二，文本錄入不管如何校對都難免存在誤差，使用者可以對比圖像進行查證；其三，當前各電腦系統漢字字形檔容量有限，出版者在錄入古籍文本時往往將異寫、通假、避諱等生僻字用常見字進行替換，研究者需要根據圖像來查看古籍原貌。香港中文大學的漢達古籍資料庫光碟便採用了圖文對照形式，它不僅收錄了 140 多萬字的竹簡帛書出土文獻，還可以在系統上直接顯示簡帛圖片和對照文本。

第三階段，進入 21 世紀，數位化技術全面推廣，古籍數位化實現了全文檢索功能。一些大的出版單位、學術機構和商業公司介入了古籍的數位化工作，古籍數位化的規模迅速擴大。例如國家圖書館已經制訂了一個龐大的古籍特藏文獻的數位化計畫，如碑帖菁華、西夏碎金、敦煌遺珍、數位方志以及甲骨文、《永樂大典》等，將古籍的全文錄入到資料庫系統，通過文本與檢索項匹配，實現直接到段落的精確查找。同時實行網路化，以各地區的圖書館為節點、網路為紐帶建立網上的聯合資料庫。2016 年，「全國古籍普查登記基本資料庫」、「中華古籍資源庫」這兩個資料庫作為古籍保護專案成果開始投入使用，這意味著古籍影像和資料資源利用進入網路服務時代。在這一過程中，人們對數位化古籍資源的特徵、古籍實現數位化的原則、形式等基本問題的認識有了明顯的昇華，過去長期制約古籍數位化實現的一些關鍵性技術經過持

續的研究和試驗，取得了明顯進展。

　　大陸的古籍數位化建設依靠豐富的文獻資源和人才優勢後來居上，開發的重點，也由早期的書目資料庫的建設，轉向書目資料庫、全文資料庫同時並進、全面發展的階段，並且，後者逐漸佔據主要地位，成為當前古籍數位化建設的主流。

　　香港的古籍數位化工作開始於 20 世紀 80 年代末，由於政府重視，又兼有技術優勢，所以經過十餘年的發展，成就也非常可觀。在香港，從事古籍數位化工程的中堅力量是香港中文大學中國文化研究所下屬的「漢達古文獻資料庫中心」。該中心成立於 1988 年，是香港中文大學中國文化研究所「古文獻資料庫研究計畫」的專門出版單位。其研究和開發目的「在於將中國古代全部傳世及出土文獻加以校訂、整理，並收入電腦資料庫，然後通過各種媒體（包括書刊、電腦軟體及互聯網）出版，以為研究工作者、教育界以及大眾提供一重要學術工具與文化寶庫」。自 1988 年以來，「漢達古文獻資料庫中心」 在香港「大學及理工撥款委員會」、「臺灣蔣經國學術交流基金會」等機構的資助下，先後開發出版了「漢達古籍資料庫」系列光碟，並已提供了約 1,100 萬字的古籍網路檢索服務。

　　除了「漢達古文獻資料庫中心」這樣專職進行古籍數位化工作的研究開發機構以外，香港的一些出版公司也注意與大陸、臺灣等相關機構合作開發大型的古籍數位化出版物，如國家九五電子出版重點專案——文淵閣《四庫全書》電子版，就是香港迪志文化公司與北京書同文數位化技術有限公司以及上海人民出版社共同研製開發的。從香港地區古籍數位化系統的開發歷程來看，與大陸、臺灣攜手共進，優勢互補，是開發高品質古籍數位化系統的必要條件。

　　澳門將文獻進行電子化，是為便利讀者使用的最有效的方法，澳門文獻整理單位是以澳門大學圖書館、澳門基金會、澳門文化局的中央圖

書館、歷史檔案館等單位最為積極。

澳門大學圖書館為澳門規模最大的圖書館，目前的館藏包括四十多萬冊圖書、約四千種期刊。古籍約六千多種一萬三千多冊，其中有三套明版古籍已入選第二批《國家珍貴古籍名錄》。本館擁有較為全面的電子資訊網絡服務，可為讀者提供三萬五千種電子期刊、約三十萬五千冊電子圖書及一百九十個線上電子資料庫。

為了進一步保存和利用古籍資料，本館近年加強了對古籍的整理研究工作，同時，為了迎接數位化時代及達致資源共享的目的，本館特意開發了「澳門大學圖書館古籍影像系統」，供讀者在網上查閱。

澳門大學圖書館將不斷引入國內外的新技術，優質的管理與服務。圖書館向讀者提供教學資源與服務，以達致大學教育目標；協助教師獨立研究，指導學生如何學習，進而使他們的科研及學習更有效率及成就。

網路化是古籍數位化未來的發展趨勢。當全國各主要圖書館實現古籍數位化以後，就可以建立以網路為紐帶的古籍數位化地區聯合資料庫和全國性資料庫，甚至在全世界範圍內實現共用。網路化也能夠使更多人方便地閱讀和使用古籍，為古籍資源的研究和傳統文化的弘揚提供一條嶄新的管道。

隨著數位圖書館的發展，越來越多的讀者習慣於使用電子版的資料以及網路上的資訊資源，古籍數位化經歷了從無到有、從小到大的發展過程，以下重點列舉中文古籍資源相關網站及資料庫，以資參考[21]。

---

[21] 崔雷撰，《中文古籍數字化研究》，吉林大學碩士學位論文，2016 年 6 月，頁 12-18。

王立清著，《中文古籍數字化研究》，北京：國家圖書館出版社，2011 年 5 月，頁 33-80。

王冠中，《中文古籍數位化成果與展望》，東北師範大學碩士學位論文 2005 年 5 月，頁 13-31。

（一）中華古籍資源庫

http://read.nlc.cn/thematDataSearch/toGujiIndex

「中華古籍資源庫」是中國國家圖書館（國家古籍保護中心）建設的綜合性古籍特藏數位資源發佈共用平臺，是「中華古籍保護計畫」的重要成果。包括 22 個子庫。該平臺遵循建設與服務原則，目前線上發佈資源包括國家圖書館藏善本和普通古籍、甲骨、敦煌文獻、碑帖拓片、西夏文獻、趙城金藏、地方誌、家譜、年畫、老照片等，以及館外和海外徵集資源，總量約 10 萬部（件）。讀者無需註冊登錄即可閱覽全文影像，支援單庫檢索和多庫檢索，基本檢索和高級檢索，除「敦煌遺珍」、「中華尋根網」外實現了各子庫資源的統一檢索，支持模糊檢索，同時相容 PC 和移動端。

（二）首都圖書館古籍珍善本圖像資料庫

http://gjzsb.clcn.net.cn/index.whtml

首都圖書館始建於 1913 年，是中國大陸較早成立的公共圖書館之一，現收藏古籍近 50 萬冊（件），其中善本 5,200 餘種，67,000 餘冊。這些藏書既有來自政府機關、文化機構的調撥、轉贈，也有私人藏書家的捐贈，也得之於長期的採購與補充。

為了保護珍本，方便利用，首都圖書館特甄選館藏珍善本古籍加以數位化，並輔以詳細書目資料建成《館藏古籍珍善本圖像資料庫》，免費提供公眾閱覽。資料庫所收古籍，均為入選《國家珍貴古籍名錄》的珍貴古籍和館藏特色文獻。第一期首先公佈首都圖書館入選第一至五批《國家珍貴古籍名錄》的珍稀善本 148 種，後續數位化成果，亦將在本資料庫中陸續增加。

本資料庫可通過題名、責任者等關鍵字進行簡單檢索和組合檢索，

並能按照四部分類和版本類型進行瀏覽，同時提供書影的線上閱覽，以方便讀者更加便捷地閱讀和欣賞這些難得一見的珍貴古籍。

（三）上海圖書館古籍書目數據庫

http://search.library.sh.cn/guji/

本資料庫收錄上海圖書館收藏的中文古籍書目，包含刻本、活字本、抄本、稿本、校本、民國年間出版的石印本、影印本、珂羅版印本及普通古籍閱覽室開架陳列的影印本，共計 129,660 條。其中普通古籍 87,938 條，叢編子目 28,357 條，善本古籍 13,365 條（開架陳列影印古籍 10,678 條）。採用四庫分類法分類，提供初級檢索、高級檢索等功能。

（四）浙江圖書館古文獻資源網

http://210.32.157.68/TPI60/default.aspx

浙江大學圖書館典藏古文獻資源包括線裝古籍、影印古籍以及電子古籍，內容豐富，品種繁多。現藏線裝古籍總量約十六萬餘冊，包含善本一千七百餘種。其中宋刻本一部，元刻本四部，明刻本七百餘部，更有名家稿本、抄本及批校題跋本百餘種。影印古籍，文史研究必備大型文獻叢書收藏頗為齊備。電子古籍方面，如「中國基本古籍庫」等大型資料庫，及「中美百萬冊數字圖書館」亦有大量古籍資源可供利用。

（五）廣東省中山圖書館古籍館資料庫

https://www.zslib.com.cn/Page/Page_tc.html

「古籍館資料庫」資源依託全國各類圖書館，整個項目預計收錄

1949 年以前 30 多萬種（不同版本）古籍文獻資料（約合 8 千多萬張圖片），大約錄入 50 億字。分期分批推進完成。「古籍館資料庫」的建設參考中國圖書館十二五規劃建設目標，建設一個全面反映中國古代文獻流傳與存藏狀況的大型文獻典籍資源總庫，實現一站式全文檢索。

（六）湖南圖書館古舊文獻數據庫

http://220.168.54.219/gujiinfo_DB2.html

收藏的豐富的古舊書刊，其中古籍線裝書 60 餘萬冊，民國間平裝書 8 萬餘冊，舊期刊 5,500 餘種，舊報紙 500 餘種，並有至為彌貴的宋元刻本、地方誌、湘籍名人手跡。

（七）北京大學數字圖書館古文獻資源庫

http://rbdl.calis.edu.cn/aopac/indexold.jsp

本資源庫是在北京大學圖書館館藏善本古籍、普通古籍，以及金石拓片、輿圖、契約等特藏文獻的基礎上進行相關的數位化加工而建設的。由北京大學圖書館負責建設，始於 2000 年 9 月，迄今已部分完成。目前可供用戶使用的有善本古籍和普通古籍、地方志、家譜書目數據庫及圖像庫，拓片目錄、錄文庫及圖像庫等，其他數據庫亦在加緊籌建中。檢索項目包括：古文獻目錄、圖像、全文數據庫；古籍、拓片、輿圖等文獻資源的著錄系統。讀者可通過檢索、瀏覽、索引、時空檢索等多種方式查詢數據庫中的資源。

（八）復旦大學圖書館古籍部古典文獻資料庫

http://www.library.fudan.edu.cn:8080/guji/

該網站為復旦大學圖書館古籍部所建置，收錄資料包含：清人碑傳索引、明人傳記辭典、古籍題記索引、近五十年古籍整理書目、四庫系列圖書綜合索引、元明清人文集書目。

（九）中國人民大學圖書館普通線裝古籍書目數據庫

http://www.lib.ruc.edu.cn/zycx/zy-ts-gj2.htm

中國人民大學圖書館總共藏有清代至民國期間出版的普通線裝古籍約 40 萬冊，3 萬餘種。其中地方誌 2,000 餘種，明清詩文集 3,000 餘種。讀者可以利用新建成的館藏普通線裝古籍書目資料庫，通過題名、主要責任者、出版資訊、主題等多種途徑進行檢索，該資料庫目前只支援繁體字檢索。

（十）高校古文獻資源庫

http://rbsc.calis.edu.cn:8086/aopac/jsp/indexXyjg.jsp

本資源庫是一個彙集大陸高校古文獻資源的數字圖書館，為中國高等教育文獻保障系統（CALIS）三期建設的子項目之一。該資源庫由北京大學領導，聯合國內 23 家高等院校圖書館合力建設。資源庫中的古文獻類型目前為各館所藏古籍和輿圖，今後還要增加金石拓片等古文獻類型。資源庫內容不僅包括各參建館所藏古文獻資源的書目紀錄，而且還配有相應的書影或圖像式電子圖書。資源庫亦嘗試進行個別參建館的文獻傳遞服務，並由 CALIS 向用戶提供費用補貼。本資源庫系統具有對古文獻的簡單檢索、高級檢索、二次檢索、索引、瀏覽等功能。

（十一）雕龍中日古籍全文資料庫

http://www.udndata.com/promo/ancient_press/index.html

本資料庫是一個由中、日、臺三方古籍研究專家研製之超大型中日古籍全文檢索資料庫。內建分庫有：「中國地方志」、「六府文藏」、「日本古典書籍」、「清代史料」、「四部備要」、「四部叢刊」，收錄古籍多達 9,500 餘種。資料庫提供「原文圖像」及「全文文本」兩種閱讀介面，便於資料查證與對照。此外，各筆資料除詳列版本、出處、纂修資訊外，方志部分更明列今昔地方縣市的題名對應，完整顯示典籍編修演變的資訊元素。

（十二）鼎秀古籍全文檢索平臺

http://103.242.200.9/ancientbook/portal/index/index.do

「鼎秀古籍全文檢索平臺」是一款真正實現全文檢索的大型古籍典藏資料庫。是由北京翰海博雅科技有限公司通過漫長的積累、收集國內外各古籍文獻收藏單位和個人文獻收藏者的古籍文獻資源的大型古籍資料庫。以高解析度整版掃描方式，保持真實原貌。文獻典籍的圖像資料不做任何刪減，保留書上的題跋、批校、印章等，原樣呈現圖書資訊。廣泛收錄中國大陸及港澳臺地區公共機構、私人藏家、研究機構及博物館所藏歷代古籍資源，特色古籍採錄海外所藏中國古籍，尤以日本、韓國數量最多。版本包含稿抄本、刻本、石印本、鉛印本、活字本等均有收錄。在版本選擇時，尤以同類版本中保存良好的為先。收錄古籍文獻二萬種、四十萬卷。是全文檢索古籍庫中數量最為龐大的。

（十三）北京愛如生數字化技術研究中心中國基本古籍庫

http://dh.ersjk.com/

「中國基本古籍庫」是由中華文化所流傳的十餘萬種古籍當中，精選上自先秦下至民國的一萬餘種歷代典籍，除了提供重新輸入校對的全文內容，另外也收錄了該典籍的一至兩個重要版本的原文圖像，總計全文約十七億字，圖像約一千兩百萬頁。收錄範圍涵蓋了整個中國的歷史與文化，不但是世界上最大的中文電子出版物，也是有史以來最大的歷代典籍總匯。創新的 ASE 檢索系統。提供三種檢索方式：分類檢索、條目檢索、全文檢索。

（十四）中華經典古籍庫

www.ancientbooks.cn

「中華經典古籍庫」是大型古籍整理本資料庫，收錄了中華書局及其他出版社正式出版的整理本古籍圖書，提供便捷的閱讀、查詢、文獻徵引等服務。合作對象包括鳳凰出版社、巴蜀書社、齊魯書社、華東師範大學出版社等 10 餘家出版機構。「中華經典古籍庫」收錄的資源涵蓋經、史、子、集各部，包含二十四史、通鑑、新編諸子集成、十三經清人注疏、史料筆記叢刊、古典文學基本叢書、佛教典籍選刊等經典系列，資源保留了圖書完整的前言、注釋、校勘等整理成果，資料準確，內容權威。

（十五）香港大學馮平山圖書館藏善本書錄

http://fpslidx.lib.hku.hk/exhibits/show/fpslidx/home

本資料庫按照 2003 年出版之《香港大學馮平山圖書館藏善本書

錄》編製，目的為館藏善本古籍提供更有效的檢索工具、方便館方增補書目資料及促進館際資源共享。資料庫共收錄館藏善本古籍 704 種，共 11,427 冊。

（十六）香港中文大學圖書館中國古籍庫

http://udi.lib.cuhk.edu.hk/projects/chinese-rare-book-digital-collection/list?language=zh-hant

香港中文大學圖書館收藏古籍善本九百多種，普通古籍四千種，為香港地區主要古籍收藏館之一。「香港中文大學圖書館中國古籍庫」主要以該館出版之《香港中文大學圖書館古籍善本書錄》、《香港中文大學圖書館中國古籍目錄》兩書為基礎。建庫的目的為方便讀者瀏覽及檢索本館的古籍目錄及提供電子版。

（十七）澳門大學圖書館古籍影像系統

https://library.umac.mo/html/E_RESOURCES/rarebook/index.html

進行古籍掃描的工作以澳門大學圖書館為主要生產單位，該館自 2003 年展開該館文獻數位化的工作，首先在該館古籍館藏中找出版本較為珍貴，並查找網上電子資源或其他圖書館沒有數位化的古籍，並將其蓋上電子水印及連上 innovative 的 multimedia 功能系統，目前共完成了 195 種（840 冊），讓讀者在圖書館 WEBPAC 系統，即可參見原書內容。

第七章　古籍數位化的前置作業

　　古籍文獻的電子化，是將實體（例如紙本）的典籍進行數位化作業，轉換成電子形式。目前比較常見的數位化方案有三種，第一是針對書籍的原貌，依照既有的頁數或篇幅，一一拍攝，產出黑白或彩色的數位化影像，稱作「全文影像數位化」；此方案的優點是能夠同時呈現書籍的原文、紙質與原色。第二種「全文數位化」，是將書上的文字進行繕打輸入與校對，產出內文的文字電子檔；此方案能辨識註解內文、意義模糊不清楚，以現行文字代替目前已經不通行的古文難字，並且提供全文檢索，進而提高典籍之研究價值。上述兩個數位方案，前者重視書籍「形式」的再現，讀者能夠觀看原書的樣貌影像，後者則注重書籍「內容」的呈現與索引，讀者能夠藉此閱讀原書的文字與意義。另外還有第三種方案結合前兩種考量，分別將形式與內容數位化後，共同儲存於資料庫中，再將兩者並置於畫面或建立超連結呈現，以達形式、內容相輔之效。

　　在前章節將古籍數位化的涵義與發展作一簡單的概述，現在讓我們進入時光隧道來瞭解古籍數位化的作業。在前置作業階段，主要是為了後續實際數位化工作所進行的各項規劃，也就是構想出如何在有限的成本、時間、人力等的限制之下，達到計畫所預定的目標與品質。除了先以清點古籍瞭解收藏情形外，還需考量在數位化工作中所牽涉到的規格、標準、設備等的因素。

一、館藏古籍清點與整理

透過館藏物件清點與整理的工作,可以掌握現有館藏情況,瞭解可數位化的物件為何?並利用該清單紀錄後續的數位化工作進展情形,並且需要隨時更新以免遺漏新入藏的古籍。古籍清單的內容包括兩部分:

(一)基本性資料

這部分包括書號、登錄號、品名、類別、時代、數量、單位、尺寸與數位化優先順序等。其中數位化優先順序的考量標準包括:

1.藏品本身的重要性

包括典藏品的等級(國寶、重要古物、一般古物等);典藏物的珍貴度(具獨創性、稀有性、時代風格及其他不可取代性等);典藏物的特殊性(人、事、時、地、物等特殊考量);典藏物數位化的迫切性(脆弱不易保存等);其他考量因素。

2.數位化後的產品價值

產品價值是由產品的特性、品質與式樣等所產生的價值。數位化後的產品內容,也是選擇產品的首要因素,因而在一般情況下,它是決定產品價值大小的關鍵和主要因素。

3.數位化產品的流通性

針對數位產品之特性,創造產品的新生命週期,如知識資料庫等,並做策略創新。

清單填寫時可以 1-3 的數字表示數位化優先順序,「1」表示最優先,「2」表示次優先,「3」則表示最後。如此,典藏單位可依此順序

安排適當的數位化作業時程。

（二）影像數位化相關資訊

調查該物件是否已有掃描過的數位影像檔，並紀錄後續的影像掃描作業，例如該古籍上是否有特殊紋飾或細部資訊需要掃描，如名人題跋、眉批等。

二、影像數位化作業規劃

（一）確立古籍數位影像的產生方式

古籍的數位化方式，主要以平面影像掃描為主。早期的影像數位化作業多以自動送紙掃描器、平台式掃描器為主（見圖三十六），對於尺寸大的物件才選擇拍攝方式進行，再將拍攝所得之正片經由掃描變成數位影像檔。但現在的影像數位化工作，基於降低成本與節省時間的考量，同時又要兼顧掃描影像的品質，因而大多採用平床式（平台光學）掃描器，除了可以維持一定標準的影像品質之外，還可避免重複提借古籍之情形發生，減少古籍在移動過程中受到損害的機率，更便於影像管理。

圖三十六：平台式掃描器

　　另外，在選擇數位化方式時主要為掃描，掃描又分「直接掃描」及「間接掃描」。「直接掃描」指直接透過掃描器對古籍線裝書進行掃描，如平台式掃描器或平床式（平台光學）掃描器等。「間接掃描」則是先將古籍線裝書進行縮影微捲，再將微捲進行數位化[1]。由於古籍線裝書屬於古代書籍，為平面物件，適宜掃描進行數位化作業，又以線裝形式存在的物件年代大多在明代中葉，且書籍容易有中縫過緊、紙張脆化、書塊、蟲蛀等狀況，故建議可先以平床式（平台光學）掃描器為主。

（二）制訂數位化影像檔案規格

　　在正式開始數位化之前，影像規格的制訂是很重要的一件事，它可能會影響未來數位內容的應用，因此在制訂數位化影像檔案規格，需要預先思考未來這些資料可能的應用範圍，以及瞭解數位檔案格式的特性。

1.未來應用

　　必須依照影像數位化後的運用目的，進行檔案規格的選擇考量。數位影像檔的運用通常為以下四種用途：a.作為典藏保存之用；b.研究用途；c.印刷出版用；d.提供使用者網路上閱讀。

2.數位檔案格式的特性

　　此部分可依檔案格式、色彩模式、色彩深度、解析度與尺寸等方面來考量。

---

[1]　高芷彤著，《數位化工作流程指南：古籍線裝書》，臺北市：數位典藏與數位學習國家型科技計畫拓展臺灣數位典藏計畫，2009 年 4 月，頁 37。

（1）檔案格式

一般古籍數位化工作會運用到的檔案格式主要為 TIFF 檔、JPEG 檔與 GIF 檔。TIFF 檔，一般應用在不同平台上、不同應用軟體上，在影像列印規格上受到廣泛支援。由於壓縮後的 TIFF 格式圖檔不會使影像失真，又可應用於不同平台、不同軟體上，因此適合做為原始資料的保存圖片，供日後加工處理產生其他圖檔格式，或用於較高解析度圖片的印刷。但由於 TIFF 格式的壓縮比例不高，考量網路頻寬，網路傳輸時甚少使用此類型圖檔格式。JPEG 檔，一種壓縮效率很高的儲存格式，採具破壞性的壓縮方式，且在儲存的過程可以決定壓縮的層級，主要用於灰階和全彩模式的圖檔，可以處理 RGB 模式下的所有色彩資訊。由於 JPEG 格式會造成影像失真，因此不適合做為原始資料的保存圖片。但也因為此高效率的壓縮方式使檔案變小，因此適用於網路供人瀏覽使用。GIF 檔，只能儲存最多 256 色的色階，檔案較其他格式小，適合應用於網路傳輸，常用於網頁上預覽用圖片。由於最多只能儲存 256 色，故在儲存前須將其圖檔模式轉換成黑白、灰階或是 256 色，否則無法儲存。如果原始圖片是彩色，則 256 彩色模式可能無法準確記錄原始圖片，因此 GIF 不適合用來作為原始資料保存圖片。

因此，TIFF 可以說是最容易流通的影像檔案格式，所採用的技術可達到無失真的壓縮，影像品質較高，也因此較常被應用在印刷輸出等專業應用上。至於 JPEG 則是一種會使影像失真的高壓縮格式，但由於其檔案較小，是目前網路圖檔運用最普遍的格式。

（2）色彩模式

因為 RGB 色彩模式所能包含的色彩（色域）比 CMYK 多，且掃描出來的古籍影像最先是透過顯示器來觀察，因此色彩模式的選擇最好以 RGB 為主，若有其他用途，如輸出等，此時再作 CMYK 模式的轉換

即可[2]。

（3）色彩深度

此部分與選擇的色彩模式有關係，在 RGB 色彩模式下，R、G、B 三色調各佔 8 bits（1 Byte），一般電腦設備的顯色模式所採用的色彩深度 24bits，稱為 24bits 全彩模式[3]。

表二：色彩模式與色彩深度一覽表[4]

評選項目	評選要點	重要說明	評分（比重）
全彩	RGB True Color（Millions Color）	24bits	常見電腦顯色模式
四色印刷	CMYK	32 bits	印刷分色四色版
索引色	Index Color	8 bits	網路色彩壓縮模式之一
單色調（灰色調）	Grayscale	8 bits	一般黑白的表現
雙階調（高反差）	Bilevel	1 bit	單純全黑或全白高反差的模式
視覺空間模式	LAB	24bits	數學座標室的視覺空間

（4）解析度與尺寸

數位掃描機所掃描的檔案畫素是固定的，因此最後應用所輸的尺寸，是依輸出時的解析度而定。

2　高芷彤著，《數位化工作流程指南：古籍線裝書》，臺北市：數位典藏與數位學習國家型科技計畫拓展臺灣數位典藏計畫，2009 年 4 月，頁 54。

3　高芷彤著，《數位化工作流程指南：古籍線裝書》，臺北市：數位典藏與數位學習國家型科技計畫拓展臺灣數位典藏計畫，2009 年 4 月，頁 57。

4　高芷彤著，《數位化工作流程指南：古籍線裝書》，臺北市：數位典藏與數位學習國家型科技計畫拓展臺灣數位典藏計畫，2009 年 4 月，頁 54。

表三：常見的數位檔案格式[5]

類型	典藏級	商務級	瀏覽級	
檔案格式	TIFF	JPEG	JPEG	GIF
色彩模式	RGB（24bit/piexl）	RGB（24bit/piexl）	RGB（24bit/piexl）	每像素 8-bits
解析度及尺寸	原尺寸 300dpi-600 dpi 以上	原尺寸 300dpi-150 dpi	72 dpi	72dpi 或影像大小從 150x100 到 200x200 pixels
說明	因位檔案大，一般不利於印刷、複製後交換或販賣等目的，而僅用做永久典藏。或電子商務檔等損壞、無其他檔可供轉檔或複製時，才動用此典藏級檔案。	若第一階段掃描為 TIFF 檔，一般是此檔降階轉為 JPEG 檔。	為將數位化成果於網際網路上傳輸或提供使用，需將檔案壓縮更小。基於傳輸速度之考量，檔案大小以 350KB 內為宜。如原件尺寸大，仍盡量不超過此範圍太多為佳。	提供使用者預覽及選擇欄位用。

（三）建立數位檔案命名方式

　　為了便於數位化資料的管理與搜尋，古籍數位影像檔在產生後，工作人員便需賦予它具唯一性且具有識別意義的名稱。目前關於數位檔案命名並沒有統一標準，從檔案便於管理的角度，建議在檔案命名時考量下列因素：

---

[5]　高芷彤著，《數位化工作流程指南：古籍線裝書》，臺北市：數位典藏與數位學習國家型科技計畫拓展臺灣數位典藏計畫，2009 年 4 月，頁32-33。

1.依檔名可回溯找到數位化物件並辨識此資料是由哪一個單位所提供。

2.原始數位檔因不同使用目的而會轉換成不同的檔案格式,因此由檔名必須能知道該檔案是哪一物件的哪一種檔案格式。

另外,為了讓該檔名能符合各種平台讀取資料,建議在使用檔案命名的字元時符合下列標準:

1.系統中每一數位資源皆須具有唯一之檔名。

2.可由檔名辨識為唯一單位所提供。

3.命名方式可支援同一物件之多種格式及其使用目的。

4.需與 metadata 結合。

5.符合國際各種網路資源之命名原則。

6.使用 ASCIICode 命名。

7.檔案名稱的英文字母大小寫不作區分。

8.不使用%、/、?、#、*、-等特殊字元[6]。

除了普遍性的數位檔案命名原則之外,典藏單位針對古籍的檔案命名規則制訂,還需特別考量,如何在檔名中表現古籍的掃描狀況(全部或局部掃描),以及遇到一件古籍有多個組件時(例如當一件古籍包含其他物件),如何進行檔名建立。例如國家圖書館最初的清單建立是由館藏清單挑選出欲數位化藏品清單,其命名方式採重新擬定。編碼原則是以整部書(同一書號,非冊號)為製作單位,其影像檔案目錄分為「書號」、「卷次」、「頁次」來區分檔名,檔名中的英文字母、符號皆為半形為小寫[7]。

---

6 國家圖書館編,《資料數位化與命名原則規範》,臺北:編者,2002 年 12 月,頁 9。

7 國家圖書館特藏組《國家圖書館古籍文獻數位影像檔案編碼原則》,2007 年 10 月 16 日修訂。

例：蠔衣生蜀草十二卷，閩草六卷，養草二卷，留草二卷。

/12956-00000/0a00001/0001.tif

（書號）（卷次）（頁次）

在資料數位化前即需就檔案命名方式加以規範，此命名原則需能滿足下列目的：

1.資料數位化過程與 Metadata 的建立可分開執行。

2.依檔名可回溯找到數位化物件。

3.未來加入國際暨有之命名系統時，如 URN、DOI 等，能直接由此檔名加上國家識別碼，而成為國際間唯一的號碼[8]。

三、設備、人力等規劃

目標的設定、數位化物件的選擇、數位化規格的訂定等步驟完成後，便要思考需要多少的人力、設備，需要怎樣的工作流程，才能逐一完成所設定的目標。

（一）數位化方式與設備選擇

古籍數位化所使用的設備考量需要兼顧掃描速度以及資料保護。

---

[8] 國家圖書館編，《資料數位化與命名原則規範》，臺北：編者，2002 年 12 月，頁 9-10。

表四：古籍數位化設備挑選原則[9]

設備	自動送紙掃描器	平台式掃描器	平床式（平台光學）掃描器
尺寸狀態	尺寸一致（適用於較新、格式尺寸一致的書籍）	尺寸一致	尺寸不一
書況	紙張狀況良好者	紙張狀況良好（無脆裂、曲皺）	狀況不良（老舊脆化、曲皺破損）之資料。
裝訂方式	張紙分離或有複本的一般性書籍，可以拆卸裝訂者	已裝訂書籍，書籍狀況（裝訂、書頁紙質）良好堅固者	已裝訂書籍，書籍狀況（成冊之書籍發生裝訂裂壞、紙質脆化等）不良者。又或紙張，甚至各紙張之間互相黏連之資料

在設備選擇需考量到主觀因素的實體物件狀況，以及客觀因素的單位計畫預算等兩因素。

1.書況良好與否

以物件情況為前提，例如在書況不佳過於脆裂時，建議使用書面向上的掃描器。另外勿使用自動進紙裝置，避免因設備選用不當而造成二次傷害。

2.單位計畫預算

除主觀因素的物件情況外，單位計畫預算也是設備選擇的考量。目前物件數位化皆採委外廠商方式進行數位化，定期與廠商檢視數位化成果，既可降低人事成本的支出，同時也無須自行購買設備來數位化。

古籍線裝書數位掃描方式。大致以「平台式掃描器」及「平床式

---

[9] 高芷彤著，《數位化工作流程指南：古籍線裝書》，臺北市：數位典藏與數位學習國家型科技計畫拓展臺灣數位典藏計畫，2009 年 4 月，頁 36。

（平台光學）掃描器」兩種掃描器來數位化。

　　平台式掃描器：掃描方式是將書籍面朝下，建議古籍線裝書數位化不蓋下遮光板。而每掃一頁均需要重複操作掃描等動作，也就是需要將整本書翻動一次，因此若古籍線裝書書況不佳時，則不適合用平台式掃描器，此種掃描器較適合用於資料尺寸一致、書況良好的書籍。掃描幅面一般為 A4 或者 A3，其特點為價格較低、體積小。

圖三十七：平台式掃描機

　　平床式（平台光學）掃描器：掃描方式是將書籍面朝上來掃描，因此不需要翻動整本書籍，只需翻動書頁即可。藉高處投射光源，而機器自上方擷取影像進行掃描動作，因此該掃描器適合用於古籍線裝書數位掃描使用。但仍須顧及古籍線裝書之書背裝訂處，避免因機械操作不當而損傷書籍。一般指掃描幅面為 A1、A0，其特點為減少書籍碰觸、減少歪斜發生，價格較昂貴、少有單位自行採買，多委由廠商進行數位化。

　　古籍數位掃描設備的選用，則視各機關典藏特色而定，由於古籍線裝書屬於平面物件，適宜掃描進行數位化作業，又以平床式（平台光學）掃描器為主。

圖三十八：平床式（平台光學）掃描器

（二）人力規劃

　　雖然每個單位的制度不同，擁有的人力資源也不一，但大體上可從以下兩方面來安排人力運用。

1.原單位內編制人員

　　單位內編制之研究人員或助理，對於館內運作及古籍內容有一定的認識及在學科上的專業，故在進行數位化作業時，尤其是在前置作業與後設資料規劃上有很大的助益。

2.外聘人員

　　包含技術人員，其主要是指對於數位化技術及資訊科技學有專精之人員，如專業攝影師、資料庫、網路設計人員等。著錄人員：在古籍資料庫建置後，需有人力將文物資料一筆筆鍵入系統中，這部分可由館內人員執行，亦可聘用有相關學科背景的人進行這項工作。

第八章　古籍數位化程序

　　古籍的數位化程序，包含場地規劃、色彩管理、後製處理、檔案儲存等的步驟。

一、場地規劃

　　掃描古籍前，需要對於掃描作業場地進行規劃，選擇最佳的掃描地點以利設備的布置與數位掃描作業的進行，掃描地點的選擇考量面向包括：

　　（一）場地空間大小至少能容納得下數位掃描設備、照明、電腦、工作台以及至少兩名的工作人員，同時也須考量古籍存放所需要的設備距離。

　　（二）掃描地點的選擇更需顧及古籍的安全性，儘量接近典藏庫，縮短古籍的搬運移動距離，並妥善規劃古籍搬運之動線。

　　（三）關於掃描環境的溫濕度控制，由於紙張材質的古籍容易受到溫度、相對溼度、光線等環境因素影響而劣化，因而特別要注意掃描的室內環境。

二、色彩管理

為確保古籍數位影像真實,並使影像周邊(螢幕、輸出)對同一影像呈現出最接近的色彩,需要每次掃描前,或定期進行螢幕、數位掃描設備與印表機的色彩描述檔製作,保持數位化影像檔之色彩正確性。

在整體數位化的過程中,能落實色彩管理的步驟,方能確保色彩品質達到一定的準確度。並且於檔案輸出印製或加值應用時,能夠順利的與廠商或其它人員溝通。但是,若要精準的複製原件的色彩,不論是設備的汰舊換新、色彩管理軟體、儀器的引進、人員色彩敏感度的培養等,都需要考慮經費、成本及計畫目標與未來應用等問題。大多數的典藏單位於有限的經費與人力成本考量下,多採用委外的方式進行數位化工作。因此,典藏單位事前的規劃與標單的設計,勢必不能缺乏影像轉換及色彩管理的基礎概念。若標單的內容越能符合計畫的需求及詳細的規範與廠商之間權利義務關係,對於雙方日後的合作關係及產出成果、品質驗收等,相信會有向上提升的效益。

三、影像校驗

每頁影像檔數位化後,製作備份列印清單,開始進行一校,針對有問題的單頁進行修正後,會進行二校以及三校的動作。另外,由於影像校驗標準涉及主觀認知,雖有明確且詳細的校驗標準,但由於人員本身在校驗上有不同的理解,而容易造成與委外廠商之間衝突,因此需培養團隊默契以避免困擾。另外,人員流動率高也會造成重複問題出現,同時影響校驗品質的差異。

（一）校驗標準。關於全彩影像掃描校驗相關標準[1]：

1.以不影響版框內字跡及閱讀為基準。

2.頁面之平整美觀與否亦需要考量。

3.書頁掃描之中縫，注意陰影、字跡、字形扭曲、兩頁間距。

4.透背頁字跡／襯紙。

5.木屑與毛髮／遮字／邊角捲翹／摺角／蛀洞或破洞。

6.沾黏書頁上之紙條，需要掃存。

7.原件頁面凹凸不平／摺痕／壞檔／錯頁／漏頁／檔名與檔案順號／頁面完整／版面歪斜。

8.色差／字跡或圖像清晰度。

（二）在影像校驗的流程中，以原書來逐頁校對數位影像檔，並以三次校驗為基準。而在校驗的過程中最常遇到「缺頁」、「歪斜」、「炫光」、「影像模糊」、「雜屑」等問題。

（三）相關設備。PC、顯示器（需完成校色程序）、磁碟陣列、網路設備、工作手套。

四、後製處理

在前置作業的規劃階段，有考量規劃包括線上瀏覽、印刷出版等應用，在後製處理時，便可進行修圖、校色與相關的影像轉檔工作。不論轉成何種的檔案格式，會比較建議保留一份沒有經過任何處理的原始掃描下來的影像檔。影像後製的項目包括：

---

[1] 高芷彤著，《數位化工作流程指南：古籍線裝書》，臺北市：數位典藏與數位學習國家型科技計畫拓展臺灣數位典藏計畫，2009 年 4 月，頁 60。

（一）嵌入 ICC Profile。

（二）利用專門影像編輯軟體進行影像銳利化、色階以及曲線的調整。

（三）影像轉檔：修改後的圖檔依照單位需求，以 TIFF 或 JPEG 格式存檔。

五、檔案儲存

數位掃描設備所產生的數位檔案的大小，以各機關決定影像的畫素，以最佳品質的 TIFF 檔為主，若影像掃描是委由廠商進行數位化，在此階段多會同時請廠商進行影像儲存的動作。而且很重要的就是一定要以異地備援的方式，將數位檔案儲存不同的光碟、不同的硬碟、磁碟陣列機或磁帶機中，並將這些儲存媒體放置於不同的地方，以防範意外事件發生造成全數的檔案毀損。儲存的數位檔案也應定期安排檢測，確認檔案是否可開啟。

綜合上述所述，工作流程即是指一項工作從起始到完成，由多個部門、經過多個環節協調及順序工作共同完成的完整過程。簡單來說就是一種輸入轉化為輸出的過程，每一個過程、步驟的相應工作都對應在適當的工作人員位置。工作流程的完整性也是讓工作人員瞭解整體作業流程規範與作法，使系統建置減少因人而異的偏差錯誤，降低成本達到品質提昇的目標（見圖三十九）。

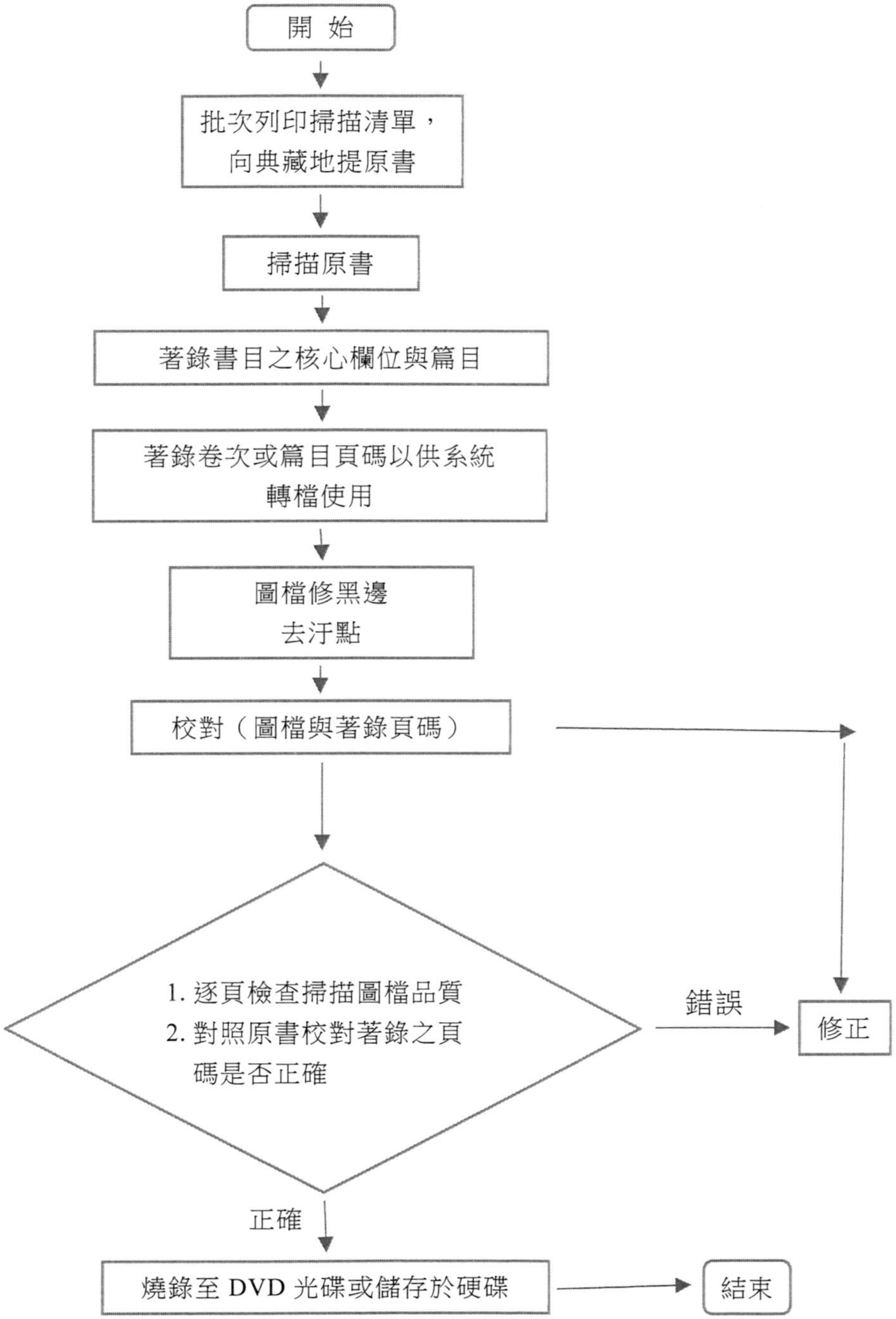

```
                         ┌─────────────┐
                         │   開 始      │
                         └─────────────┘
                                │
                                ▼
                    ┌───────────────────────┐
                    │  批次列印掃描清單，      │
                    │  向典藏地提原書          │
                    └───────────────────────┘
                                │
                                ▼
                       ┌─────────────────┐
                       │   掃描原書        │
                       └─────────────────┘
                                │
                                ▼
                 ┌───────────────────────────┐
                 │  著錄書目之核心欄位與篇目      │
                 └───────────────────────────┘
                                │
                                ▼
                 ┌───────────────────────────┐
                 │  著錄卷次或篇目頁碼以供系統     │
                 │  轉檔使用                    │
                 └───────────────────────────┘
                                │
                                ▼
                    ┌───────────────────────┐
                    │   圖檔修黑邊             │
                    │   去汙點                │
                    └───────────────────────┘
                                │
                                ▼
               ┌───────────────────────────┐
               │  校對（圖檔與著錄頁碼）        │──────────────┐
               └───────────────────────────┘              │
                                │                          │
                                ▼                          ▼
                         ╱────────────╲            ┌───────────┐
                       ╱                ╲   錯誤    │   修正      │
                      ╱ 1. 逐頁檢查掃描圖檔品質 ╲───────▶└───────────┘
                      ╲ 2. 對照原書校對著錄之頁 ╱
                       ╲   碼是否正確         ╱
                         ╲────────────╱
                         正確  │
                                ▼
         ┌───────────────────────────────┐      ┌─────────┐
         │  燒錄至 DVD 光碟或儲存於硬碟        │─────▶│   結束    │
         └───────────────────────────────┘      └─────────┘
```

圖三十九：古籍數位掃描與篇目著錄工作流程圖

第九章　後設資料與資料庫建置

　　數位典藏的作業，除了為古籍建立永久的影像保存檔之外，並透過文字資料對古籍加以描述，置於資料庫中以便典藏單位管理並提供使用者方便查詢利用。

　　所謂的文字性描述資料便稱之「Metadata」（中文譯為後設資料、詮釋資料或元資料），即「data about data」，意指有關資料的資料。Metadata 除了記載單位內文物典藏資料的元素、屬性、紀錄、資料結構，同時也包含有關背景、品質狀況或資料特徵等描述性資料。簡單地說，其功能在於協助數位典藏品的提供者、擁有者及管理者儲存、控制、管理、散佈和交換數位資源；此外，對數位典藏品的使者來說，Metadata 更可以用以協助搜尋、辨識、獲取和使用數位資源。因而 Metadata 的內容建置除了從管理者的角度來思考，也應考量到使用者的需求。例如 1995 年「博物館資訊交換協會」（Consortium for the Computer Interchange of Museum Information, CIMI）便對使用者資訊檢索需求，歸納出 11 項使用者查詢資訊系統可能會用到的檢索點（acess points）：類別、日期、事件、材料、方法、人、地、物件、資源、派別風格、主題等。綜合而言，可以歸納詮釋資料是描述各種類資源（諸如人、時、事、地、物）的屬性（諸如內容特徵、情境特徵、結構特徵、各種功能需求、資料庫內的綱要），確保該資源在數位環境可以被人或機器充分利用、溝通與執行任務[1]。

---

[1]　陳淑君，〈詮釋資料〉，摘錄《圖書館學與資訊科學大辭典》。

　　基本上，古籍典藏擁有愈完整的後設資料，對於該相關領域的研究、教育與應用都會有相當大的幫助，相對的這也需要花費較多的時間與人力做著錄，因此也需要斟酌考量單位自身的情況。同時從標準選擇、制定後設資料元素、實際著錄與檢驗的過程，各階段品質的要求也與古籍數位化相同重要，若稍有不謹慎之處，既使古籍數位化有再高的成果，在後設資料無法對古籍做好的詮釋，也是徒勞無功。

　　對於後設資料 MICI-DC、Dublin Core、MARC21、CMARC 四標準所做之評估分析如表五[2]。

表五：後設資料標準評估分析

種類	滿足率	無法對應之元素數	優點	缺點
MARC21	77%	20	1.善本古籍之書目描述需求滿足率最高。 2.易與國際圖書館社群進行交換。 3.易與圖書館目錄系統結合。	1.缺乏專為善本古籍類型資料之描述欄位。 2.古籍善本特殊描述項目（如：牌記、手書題記等）只能著錄於 500General Note。
CMARC	67%	29	1.有善本古籍之特殊描述欄位（140、141） 2.較能配合依中國編目規則描述之善本記錄。	1.部分善本古籍特殊描述項目（如：牌記、手書題記等）只能著錄於 300 一般註。

https://terms.naer.edu.tw/detail/b9e6b1e020f045bbc15e58e90cb1dc4f/?startswith=zh&seq=1

2　高芷彤著，《數位化工作流程指南：古籍線裝書》，臺北市：數位典藏與數位學習國家型科技計畫拓展臺灣數位典藏計畫，2009 年 4 月，頁 72。
　王雅萍等著，《數位化工作流程指南：文字資料》，臺北市：數位典藏與數位學習國家型科技計畫拓展臺灣數位典藏計畫，2012 年 7 月，頁 67。

種類	滿足率	無法對應之元素數	優點	缺點
			3.易與圖書館目錄系統結合。	
MICI-DC	62%	33	1.是為善本古籍類資料所設計之後設資料格式,對於善本古籍特殊描述項目(如:牌記、手書題記等)皆有描述欄位可滿足。	1.偏於博物館社群之善本古籍描述格式,對部分以圖書館社群切入之善本古籍描述需求無法滿足(如:出版、印刷)。 2.缺乏對與善本古籍其他形式電子資源連結之描述。
Dublin Core	95%	4	1.使用彈性大。 2.易與其他學科領域或社群進行交換。	1.Dublin Core 元素只有 15 個,較適於簡要資料之描述。 2. 多數善本古籍需求元素皆對照一個 Dublin Core 元素,Dublin Core 元素過少,無法具體描述善本專業描述需求。 3.交換時恐造成資料遺失。

一、後設資料欄位制訂

　　詮釋資料從昔日至今日,一直以不同的面貌展現,在不同的社群內

也有不同的稱呼，而圖書館界則最常以「圖書館目錄」作為詮釋資料的範例說明，內容主要包括：作者項、題名項、出版項、稽核項、集叢項、附註項、主題項、索書號等。典藏單位大部分選擇都柏林核心集（Dublin Core, DC）作為後設資料的建置標準參考。

都柏林核心集是由都柏林核心詮釋資料組織（DCMI）所發展與維護的一套跨領域的資訊資源描述標準，一般意指「都柏林核心詮釋資料元件集」（Dublin Core Metadata Elements Set）。共由 15 個元件組成，具廣泛性與通則性，適用於描述大部分的資源，是一套簡單、具延展性、跨學科及跨資料類型的詮釋資料標準[3]。

（一）標題（Title）：給予資源的名稱。

（二）著作者（Creator）：編輯資源內容的主要負責人。

（三）主題／關鍵字（Subject & Keywords）：資源內容的標題。

（四）描述（Description）：資源內容的解釋。

（五）出版者（Publisher）：使資源能廣泛的使用者。

（六）貢獻者（Contributor）：對於資源內容形成貢獻者。

（七）日期（Date）：資源週期的事件日期。

（八）資料類型（Resource Type）：資源內容的性質或類型。

（九）格式（Format）：關於資源的實際或是數位的形式。

（十）資料識別（Resource Identifier）：可以明確的指示出該資源。

（十一）來源（Source）：敘述目前資源的參考來源。

（十二）語言（Language）：資源所使用的語言。

（十三）關連（Relation）：說明相關的資源。

---

[3] 陳淑君，〈都柏林核心集〉，摘錄《圖書館學與資訊科學大辭典》。
https://terms.naer.edu.tw/detail/48a3e324ba536b0b409131372428bd97/?startswith=zh&seq=2
王雅萍等著，《數位化工作流程指南：文字資料》，臺北市：數位典藏與數位學習國家型科技計畫拓展臺灣數位典藏計畫，2012 年 7 月，頁 78。

（十四）範圍（Coverage）：資源內容的廣度或範圍。

（十五）管理權（Rights Management）：描述資源權利相關的資訊[4]。

DC 在 2003 年成為國際標準（ISO 15836）、2007 年成為美國國家標準（ANSI/NISO Z39.85），中譯版並於 2008 年成為臺灣的國家標準「資訊及文件－都柏林核心詮釋資料元件集」（CNS 15222）。臺灣在此標準的實際應用與落實方面，由於 DC 是一套常用的後設資料標準，其最大的特性在於共通性高。國科會數位典藏聯合目錄已收錄的 400 萬筆數位藏品的詮釋資料即是採用 DC 標準的最佳範例[5]。

二、系統開發與後設資料著錄規範

數位典藏機構根據典藏或管理需求，與後設資料專家、系統開發人員三方溝通，規劃合適的系統規格、功能、後設資料結構與屬性，同時考量整理系統的擴充性、互通性與技術性等，進行初步的可行性評估，產出系統規格書與後設資料需求規格書。

（一）系統資料庫開發

古籍後設資料的元素確立之後，典藏機構即可與資料庫系統建置人員進行溝通，開發出適合機構管理並適合使用者檢索運用的資料庫。

---

[4] 王雅萍等著，《數位化工作流程指南：文字資料》，臺北市：數位典藏與數位學習國家型科技計畫拓展臺灣數位典藏計畫，2012 年 7 月，頁 79。

[5] 陳淑君，〈都柏林核心集〉，摘錄《圖書館學與資訊科學大辭典》。
https://terms.naer.edu.tw/detail/48a3e324ba536b0b409131372428bd97/?startswith=zh&seq=2

（二）文字資料庫整理

　　資料建置人員得以利用 Office Excel 或 Office Access 軟體進行古籍資料整理。這兩套軟體容易使用、輸入速度快同時檔案通用性高（尤其幾乎每台 PC 都有 Excel 軟體），而且可以直接以電腦格式儲存，並轉存或轉匯於其他格式或資料庫。唯在將文字資料匯入資料庫系統時，需進行資料表格形式的調整，使之與資料庫系統吻合，除此，也應該注意兩者的編碼形式是否相同。

（三）建立後設資料著錄規範

　　其規範包括操作技術面與內容著錄兩部分。

1. 系統操作面

　　（1）著錄人員進入著錄介面建檔前，必須透過系統確認身份後，方可登入。

　　（2）資料著錄時需紀錄建檔人員、日期以及填表人資料。

　　（3）資料核對修改時，校對人員之身份同樣需要經過系統確認，並紀錄最後一次資料修改日期。

2. 內容著錄面

　　由於文物資料填寫一般由多位研究人員同時進行，所以必須對填寫內容語意上進行規範，以避免產生各種資料不統一的情況。另外，也可建立權威檔統一主題詞彙的用法，其目的便是使著錄內容可以達到統整性。

（四）進行資料著錄校正

為確保輸入資料的正確性，所有資料應進行二校修正，將人為錯誤降到最低。

三、資料庫系統建置與檢索

建立後設資料的另一目的，即是為了建置一個有效的資料查詢系統。透過後設資料的規劃評估及欄位建立、著錄等介紹，尚須利用這些相關資料延伸建置資料庫，使其提高檢索的效益。

（一）資料庫建置

資料庫的系統建置完善，與資料庫檢索功能的效益是相互影響的關係。檢索刊載的資訊豐富，對於使用者必然是助益良多，除了取決於後設資料的欄位和建入欄位內的資料外，資料庫的檢索功能與資料呈現等方面一開始即需詳盡的規劃。

資料庫系統的建置流程，由規劃、分析、設計與開發等四個步驟[6]進行。

「規劃」是系統建置前，必須從各方的需求著手進行通盤的規劃；「分析、設計」是透過完整的系統分析方法，分階段落實系統規格中的設計，以避免造成系統功能開發的重複、衝突或不足等情況的發生；「開發」是經過完整的資訊系統規劃與分析，並整合領域知識專家的典

---

[6] 王雅萍等著，《數位化工作流程指南：文字資料》，臺北市：數位典藏與數位學習國家型科技計畫拓展臺灣數位典藏計畫，2012 年 7 月，頁 89。

藏需求與應用需求，分階段進行系統與相關的應用功能的開發。按照上
述步驟，就能建置出符合各項功能需求與目標的系統。

　　總之，對典藏機構來說，除了著重在系統面的考量外，另一個重點
就是後設資料的規劃設計。因此要建置一個典藏系統，必須經過系統規
劃、後設資料分析、系統分析設計與系統開發等不同的工作程序。其流
程如圖四十：

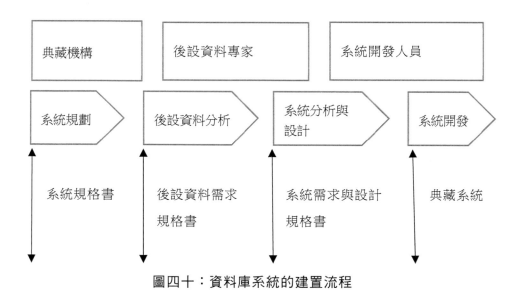

圖四十：資料庫系統的建置流程

　　洪淑芬在《文獻典藏數位化的實務與技術》一書中認為，理想的珍
貴文獻文物資料庫應具備的基本功能，以及各項基本功能與數位化工作
項目的關係表列如下[7]：

---

[7] 　洪淑芬著，《文獻典藏數位化的實務與技術》，臺北市：數位典藏國家型科技計畫訓練推廣分
　　項計畫，2004 年 2 月，頁 48。

表六：資料庫檢索功能與數位化工作關係表

編號	資料庫功能	說　明	數位化的相關工作
1	靈活的檢索功能	可以進行互動式檢索，包括運用運算邏輯，作跨欄位的交集或聯集之檢索。	Metadata 之欄位規劃 Metadata 之建置 檢索程式之撰寫
2	資料庫提供人名與地名之權威檔	可幫助使用者查得所有相關資料。	Metadata 之欄位規劃 Metadata 之建置 檢索程式之撰寫
3	資料庫提供主題詞或關鍵詞之清單	因為具歷史性或學術性之資料文物，其資料相關用語、地名、人名等往往較為深澀不為人知，因此，資料庫如能提供主題詞或關鍵詞之清單，可幫助使用者選擇適用的詞彙進行查詢，增進資料庫利用上之效益。	Metadata 之欄位規劃 Metadata 之建置 檢索程式之撰寫
4	資料庫進一步提供選單檢索之功能	使用者於主題詞或關鍵詞清單點選詞彙後，系統即自動進行檢索，列出含有該詞彙的資料之清單。	Metadata 之建置 檢索程式之撰寫
5	資料庫於使用者之檢索結果中，提供閱覽簡目、閱覽詳目、閱覽全文、閱覽影像之選項。	手稿古文書之類的資料因文字生澀或部分偏潦草，為便利使用者閱讀，可能同時進行全文之數位化，而於資料庫中，與原件影像同時提供，以便使用者對照閱讀。	影像數位化 全文數位化 檢索程式之撰寫
6	資料庫提供自某一筆（某一頁）資料，連至具有相關性的上屬、下屬、	古文書或書刊資料往往一筆資料即包含多頁，前後筆資料也可能相關。透過此一功能，較重新透過關	檔名規範 檢索程式之撰寫

編號	資料庫功能	說 明	數位化的相關工作
	平行等他筆資料，或往前翻頁、往後翻頁之功能。	鍵詞等檢索，容易找到可能相關的下一筆資料。	

（二）資料檢索應用

欲建置相關典藏資料庫者，可依據自身典藏的資料的特性，選擇一種，或是搭配多種檢索方式來呈現數位內容，來增加典藏數位化的應用效果。

全文資料庫是全文數位化單位對於電子文本的基本應用，用意類似實體圖書館的數位化，意即將館藏文獻都搬到網路上，增加資源的流通性，並透過容易與其他媒體結盟的電子形式，提升資源的可用性。全文資料庫可應具備下列幾種功能[8]：

1. 全文檢索功能

一般圖書館或是資料庫的文字檢索功能多數僅在書目、作者名以及關鍵字等的搜尋，這樣的功能邏輯來自於以書找文，將以文找書的狀況排除在外。全文檢索能夠提供使用者在只知部分內文的情況下，依舊查出其作者出處，並且並列具有相似內文的文獻資料，使用者可用以比較、分析或統計。

2. 層級檢索功能

多數圖書文獻都有經、史、子、集或是宗、冊、卷、件等層級關係，而此層級資訊不會呈現於一般的書目檢索或是全文檢索結果裡。若

---

[8] 王雅萍等著，《數位化工作流程指南：文字資料》，臺北市：數位典藏與數位學習國家型科技計畫拓展臺灣數位典藏計畫，2012 年 7 月，頁 97-98。

能建立層級檢索功能，一方面還原圖書的知識架構，一方面也協助使用者認識文獻間的層級關聯。

3. 權威控制功能

權威控制的方式主要用於建立人名、地名、機關名及主題等標目，以建立檔案資料的聚集及一致，控制並提高檢索精準率。

4. 影像連結功能

於全文資料外附上原始圖檔的連結，將電子全文資料庫加值為電子全文影像資料庫，能使使用者同時閱讀原書內文以及觀看原書的編排格式，就像瀏覽原書一般。

在數位化作業中，除了將藏品以掃描、拍攝等方式數位化為數位物件儲存，達到永久典藏之目的外，更重要的，是要讓這些數位檔案可以供各界透過網路查詢、閱覽與使用。透過後設資料之描述，能完整呈現藏品之原始特性與數位化資訊，並且也有助於進行資料庫系統設計。而現今資料庫的設計也愈趨多元，讓使用者不僅可以檢索查詢基本功能外，也結合了不少跨領域系統的運用，使典藏資料庫的內容應用更加廣泛，資訊更為豐富。

第十章　委外製作

　　委外服務,是指某一機構將所提供之產品或服務,以簽訂合約的方式,轉授於外部機構提供[1]。從管理的角度出發,採用委外作業大致上有三大理由[2]:

　　一、以便能更全心專注在核心作業上。

　　二、藉以提供更好的服務品質。

　　三、降低成本。

　　考量數位化作業必須付出的經費、設備、人力與時間成本,典藏機構可考慮是否採取委外或部分委外來進行數位化的作業。理想上,採取委外的優點,主要是典藏機構可以不用負擔購買昂貴設備的費用,或是擔心設備維護與汰舊換新的問題,也可以減輕典藏機構的人力負擔。若是一些藏品較少,短期內就可完成數位化作業的單位,委外是一個不錯的方式。

　　當典藏機構有意進行委外製作時,如何釐清適合委外的部分、制訂規格書、評選出合適的廠商,以及招標後如何與廠商作協調與溝通、成品驗收的注意事項等,都是進行委外前需及早瞭解與規劃的。以下是委外流程之注意事項:

---

[1] 陳君屏,〈公共圖書館委外服務研究〉,《臺灣圖書館管理季刊》,2006 年 4 月,第二卷第二期,頁 97。

[2] 高芷彤等著,《數位化工作流程指南:委外製作》,臺北市:數位典藏與數位學習國家型科技計畫拓展臺灣數位典藏計畫,2009 年 4 月,頁 14。

一、招標前規劃

（一）委外評估

決定委外前，首先應考慮計畫是否適合委外，或是否採取部分委外，此關係到每個機構的人力、經費與作業情形。除了考量機構內部的人力與物力，委外可能產生的隱形成本亦需考慮在內，譬如與廠商的來回溝通，或是過程中可能有出錯、人員流動或需要修正的情形，都是最初委外評估時需加以考量的。

（二）制訂合適的需求規格書

一旦決定委外，應充分瞭解委外的目的以及計畫內部的需求，包括預算、需求的檔案數量、檔案格式、檔案命名、品質標準、檢驗流程、是否需要廠商駐地工作或可攜回處理、保密條款等等，都需於事前審慎考量。除了瞭解內部的需求之外，參考相關計畫的委外需求規格書，並事先訪查坊間普遍採行的技術規範，都有助於撰寫出較為周全的需求規格書，也不至於開出過於嚴苛的條件，造成只有特定廠家能夠接案的情形

（三）瞭解招標規範與流程

政府公開招標有一定的流程與規範，事先瞭解能避免後續招標的困難。有些機構設有統一辦理對外招標的單位，也就是需求單位與招標單位不同的情形，此時需求單位或許不用全盤瞭解招標的行政程序，但對於細節的掌握仍有助於招標流程的順暢。

（四）遴選合適廠商

遴選廠商時，可以從成本、廠商的技術、規模、財務狀況、經營方式、過去的紀錄等方面進行考量。由廠商自行描述與展示，可能有其主觀的成分，因此可多加訪查相關單位的合作經驗作為參考。計畫內可成立一個委外遴選小組，由小組成員分別就廠商進行評分，於充分討論後再決定得標廠商，再依行政流程辦理簽約等流程。許多委外工作都可請廠商試作，以作為遴選廠商的參考。另為了避免不當的委外傷及珍貴古籍，於是在招標公告上詳列館方希望的標準工作流程，並以縫製的仿古籍線裝書，請廠商到館以館內機器進行試掃，並就廠商是否依照標準工作流程進行作評比。

二、招標後規劃

（一）經常聯繫

委外開始進行後，需定期與廠商進行聯繫與溝通，以便掌握工作進度，並且隨時發現問題，隨時作調整。有些看待文物的專業知識，譬如瓷器拍攝時需保留其材質特性，以及避免在搬運或拍攝過程中傷及文物的技巧，或是資料庫應如何呈現才能符合特殊領域使用者的需求等，最好能與委託廠商進行適當的教育訓練與溝通；同樣的，也可以請廠商向計畫內部人員進行工作流程的說明，都有助於彼此的合作與互動。此外，雙方最好能有固定人員作為統一的對話窗口，負責溝通、聯繫與驗收，有助於彼此有效率的溝通。

（二）定期驗收與修改

　　驗收流程需以合約為準，一旦發現有誤，應立即請廠商修正。以正片掃描的數位圖檔為例，需注意檔案數量是否正確、是否有重複或缺漏、檔名與檔案格式是否正確、是否有檔案遭到切割或影像偏斜的問題，以及檔案大小、解析度、壓縮率、色彩模式是否符都依照合約的標準等等。驗收方式可採目視或以電腦系統輔助檢測，搭配藏品清冊與拍攝清冊來進行。

　　在機構或單位評估委外可行性後，需先瞭解欲委外的部分所需相關，規格及工作規範或流程，也就是擬定計畫書的階段，包含如何規劃、執行、監控和結束等內容。內容從委外專案的範圍及數位化流程上工作分解結構開始。接下來則是針對專案的各流程，進行排序及資源與時程的評估，進而估算成本及編列預算，大致底定後，開始針對內容進行品質的控管，包含物件數位化的規格、工作規範、校驗標準、人力配置等。最後進行風險的評估，哪些數位化工作需要委外，委外的需求評估及設備的採購等完成後，由機構單位擬定一份委外的規格需求書。

第十一章　數位內容保護

　　古籍數位化，是透過實體物件的數位化，讓珍貴典藏品能在不傷及原件的情況下，達到研究、推廣與教育的目的。因此，將數位化的成果公開散佈與分享，方能創造數位內容的最高價值。不過，為了避免數位化成果受到不當散佈、利用、竄改，數位內容的原創者與提供者為保護數位內容版權，因此，保護數位內容的常見作法，分別是通行於商業界的數位版權管理（Digital Right Management, DRM）、數位浮水印，以及「創用 CC 授權」。

一、數位版權管理

　　數位版權管理（Digital Rights Management, DRM）指的是一種管理數位內容（Digital Content）的方式。管理方式就是利用對內容上鎖，達到使用者無法輕易地使用內容的效果。數位出版時代來臨，面對傳播更為容易的數位內容，為保護智慧財產權，數位版權管理的概念應運而生。數位版權管理主要是透過檔案加密的方式，為數位內容設定存取權限，並追蹤數位內容的使用情形，確保檔案的安全性，並維護數位內容原創者與提供者的權利[1]。數位版權管理的應用可能有多種形式，譬如

---

[1]　江沛航、陳美智著，《數位化工作流程指南：民俗文物》，臺北市：數位典藏與數位學習國家型科技計畫拓展臺灣數位典藏計畫，2001 年 6 月，頁 84。
　　王雅萍、林彥宏著，《數位化工作流程指南：文書檔案》，臺北市：數位典藏與數位學習國家型科技計畫拓展臺灣數位典藏計畫，2009 年 6 月，頁 64。

限制檔案被讀取、儲存、複製、轉寄與燒錄光碟的次數，或是需在特定時間內播放、以特定密碼開啟檔案、不得變更內容等，有時還會限制使用者必須使用特定軟體或硬體才能開啟檔案。在商業使用上，數位版權管理較常用在合法下載的影音檔案與電子圖書，像是 Amazon 的電子書與蘋果電腦的 iTunes 音樂商店（iTunes Store），都有採行這樣的管理保護機制方式來限制用戶的使用權限，以保護原始創作者、提供者的權利。因此，數位版權管理的目的，就是保護創作者智慧財產以及正版供應商的權益。

二、數位浮水印

數位浮水印（digital watermark）指的是在數位文件崁入代表智慧財產權資訊的技術，這些資訊譬如文件的原作者、版權擁有者的名稱、地址、商標等[2]。浮水印可以是明顯可見的，也可以是隱藏式的，只有植入浮水印的一方具有解開浮水印的方法。兩種浮水印各有優缺點，可視浮水印會破壞畫面的品質，如果造成畫面難以閱讀，反倒失去了原圖的價值。而隱藏式浮水印非肉眼可見，必須以特殊方式加以解讀與辨識，能夠保持畫面的呈現品質。數位浮水印是廣泛應用於數位化的內容保護技術（資訊驗證、版權保護、註解植入、秘密傳輸），但是浮水印與任何加密技術一樣，都有被他人解開的風險，因此在製作浮水印時，需特別留意加密的品質。因此，數位浮水印有不易察覺性、易碎特性、

---

[2] 江沛航、陳美智著，《數位化工作流程指南：民俗文物》，臺北市：數位典藏與數位學習國家型科技計畫拓展臺灣數位典藏計畫，2001 年 6 月，頁 85。

王雅萍、林彥宏著，《數位化工作流程指南：文書檔案》，臺北市：數位典藏與數位學習國家型科技計畫拓展臺灣數位典藏計畫，2009 年 6 月，頁 63。

強健特性的三種特性，近年來因為電腦與網際網路的快速發展與數位資料被大量的使用，經由全球資訊網，許多數位影像能被很容易地傳遞與複製，如此使得智慧財產權的保護成為一個重要的課題。而數位浮水印技術正是解決此問題的方案。

三、創用 CC 授權

創用 CC 授權（Creative Commons）又稱創意共享、創作共享、版權宣告，是一個非營利組織，該組織提供同名的一系列著作授權方式，即知識共享許可協定，創用 CC 組織的主要宗旨是使得著作物能廣為流通與改作，可使其他人據以創作及共享，並以所提供的授權方式確保上述理念。[3]

創用 CC 授權（Creative Commons）是由美國史丹福大學法學院教授雷席格（Lawrence Lessig）為首，於 2001 年開始推動的計畫，並於 2003 年起發起 iCommons 計畫，由來自世界各地的在地合作單位將授權條款翻譯為多國語言，並依照在地的法律作調整，以適用於在地的法律。中央研究院資訊科學研究所為本地的創用 CC 合作單位，只要到臺灣地區的計畫網站（http://creativecommons.org.tw/），從首頁「選擇授權條款」的標籤進入，依網頁指示選擇想要採行的授權方式，將系統產生的程式碼加入自己的網站上進行宣告，就可以為自己的創作物完成授權。

在網路上公開發表數位內容的創作者，一般都有與人分享的目的，創用 CC 授權提供了一種簡單且具法律效力的方式，讓創作者可以宣告

---

[3] 　資料來自維基百科「創用 CC」http://zh.wikipedia.org/ wiki/知識共享。

數位創作物所允許的自由使用範圍，並保留部分權利。一方面保障版權擁有者所希望保留的權利，一方面向社會大眾釋出善意，鼓勵自由存取或創作衍生物[4]。創用 CC 授權提供了多種授權條款供版權擁有者選用，以符合臺灣法律制度的臺灣版創用 CC 授權為例，如果選擇以「姓名標示—非商業性—相同方式分享 2.5 臺灣版」的授權條款，即表示如果有人想要使用該項受保護的數位內容，譬如將受創用 CC 授權條款保護的圖片加在自己創作的文字中作為插圖，就必須著明該圖片原版權擁有者的姓名，並採用相同的授權方式分享出去，但可自由使用於非商業用途，只有在使用於商業目的，才需另行向原版權擁有者取得授權。除了「姓名標示」、「非商業性」、「相同方式分享」以外，其他可以選擇保留的權利還包括「禁止改作」，亦即使用者不得運用受保護創作進行衍生著作，譬如翻譯、編曲、改編小說等。

創用 CC 授權條款包括「姓名標示」、「非商業性」、「禁止改作」以及「相同方式分享」四個授權要素，其意思分別為：

姓名標示表示：必須按照著作人或授權人所指定的方式，表彰其姓名。

4　　江沛航、陳美智著，《數位化工作流程指南：民俗文物》，臺北市：數位典藏與數位學習國家型科技計畫拓展臺灣數位典藏計畫，2001 年 6 月，頁 90-93。

　　王雅萍、林彥宏著，《數位化工作流程指南：文書檔案》，臺北市：數位典藏與數位學習國家型科技計畫拓展臺灣數位典藏計畫，2009 年 6 月，頁 64-66。

非商業性表示：不得因獲取商業利益或私人金錢報酬為主要目的來利用作品。

禁止改作表示：僅可重製作品不得變更、變形或修改。

相同方式分享表示：若變更、變形或修改本著作，則僅能依同樣的授權條款來散布該衍生作品。

以四個授權要素，組成六種授權條款，以下為各條款之使用條件：

姓名標示

本授權條款允許使用者重製、散布、傳輸以及修改著作（包括商業性利用），惟使用時必須按照著作人或授權人所指定的方式，表彰其姓名。

姓名標示-相同方式分享

授權條款允許使用者對授權者的著作進行重製、散佈、傳輸及修改著作
（包括商業與非商業性利用），唯使用時必須按照授權者指定的方式表
彰其姓名，並且產出之新創著作也必須採用相同的授權條款釋出。

姓名標示-禁止改作

本授權條款允許使用者重製、散布、傳輸著作（包括商業與非商業性利
用），但不得修改該著作。使用時必須按照授權者指定的方式表彰其姓
名。

姓名標示-非商業性

本授權條款允許使用者重製、散布、傳輸以及修改著作，但不得為商業
目的之使用。使用時必須按照授權者指定的方式表彰其姓名。

姓名標示-非商業性-相同方式分享

本授權條款允許使用者重製、散布、傳輸以及修改著作，但不得為商業
目的之使用。若使用者修改該著作時，必須按照授權者所指定的方式來
散布該衍生作品，並且將產出之新創著作採用相同的授權條款釋出。

姓名標示-非商業性-禁止改作

本授權條款為六個主要授權條款中限制最多者。僅允許使用者在下載授權者的著作之後，依原狀態分享出去。使用者必須按照授權者指定的方式表彰其姓名，但不得對著作進行任何方式的改變，或為商業目的之使用[5]。

創用 CC 授權與數位版權管理（DRM）對於版權保護有不同看法，數位版權管理旨在保障版權擁有者的所有權利，因此對於檔案的讀取與散佈採取了嚴格的限制，是從限制使用的方向著手，而創用 CC 授權對使用者釋出了部分權利，假使版權擁有者並不在乎給許多人線上瀏覽或自由傳閱，只有在使用者想用於商業圖利時獲得合理的報酬，採用創用 CC 授權鼓勵他人瀏覽與使用，較有鼓勵文化的交流與創造的意味。

5　資料來自「台灣創用 CC 計畫」https://creativecommons.tw/explore」

第十二章　結論與建議

　　古籍數位化是繼影印和縮微之後現代科學技術在古籍再生性保護方面成功應用的又一範例。從字面理解，古籍數位化就是對古籍資訊的數位處理，古籍是主體，數位化是手段，古籍與數位化是內容與形式的關係。但從實質而言，就像數位化使人類社會在各個方面都正在發生著前所未有的深刻變化一樣，古籍數位化已不僅僅是一個古籍再生性保護所能涵蓋的問題，它正在使古籍的保護利用、整理研究和弘揚發展孕育並發生著重大的變革。

　　古籍數位化是科學保護古籍的需要，古籍屬於非再生性的文化遺產，隨著時間的消逝，古籍的數量不會再有增長，因此如何保存好現存古籍就是一個十分迫切的問題，並且我國古籍多為紙質文獻，飽經兵亂戰火，傳世罕見，除了有重要的史料價值外，還具有很高的文化價值。

　　我國現存善本以及普通古籍線裝書大約有 10 餘萬種，其中大部分有殘破情況，急需搶救修復。古籍數位化是解決這一問題的有效途徑。一方面它減少古籍文獻的直接使用，另一方面有易於保存的特點，可以達到永遠保存古籍的目的。同時，古籍數位化也是合理利用古籍的需要。在目前條件下，古籍主要保存在全國各地的古籍收藏單位中以各地圖書館為主，但也有些珍貴古籍往往只存在於某一單位，這就給研究者利用古籍帶來了不便。另外，古籍的保存和利用之間有著不可調和的矛盾。如一些收藏單位在向外界提供古籍使用時，需要經過十分繁瑣的手續，當然這是為了有效保護古籍，然而，這卻也更加深了使用上的不方便；而且，如果使用頻率過多又會對於古籍的保存產生不利影響。但是

古籍數位化後，讀者可以通過電腦來閱讀數位化後的古籍，可以看到與原版一模一樣的古籍，同時又不會造成對古籍的損壞。可提供螢幕閱讀、內容檢索，也可以提供下載列印、製作多媒體等方面的服務、以及專題展覽、遠端全文傳送等服務，讀者數量將成倍增加。所以，古籍文獻數位化，使得有價值的古籍文獻可以煥發出新的生命力，使更多的讀者能更方便、更快捷、更充分的利用古籍文獻，這也是實現知識資源全球共用的必然要求。再次，古籍文獻數位化直接關係到圖書館職能的充分實現。從圖書館的發展歷程來看，主要是從「重藏」到「重用」的轉變。現代圖書館的新理念是把圖書館作為一種維護和保障知識自由的社會機構，更強調圖書館傳播文化、提供資料的職能。從理論的角度講，理想的圖書館應該隨時可以免費向讀者提供所需的各種知識和資訊。

古籍數位化保護的重要性，從歷史背景角度考慮，由於古籍的歷史背景比較特殊，故屬於不可再生的重要文獻資源。為了保護這些彌足珍貴的古代書籍，各圖書館對古籍閱覽物件以及查閱方式作出了嚴格的限制和規定。考慮到古籍保護固然重要，但嚴格地保護必然降低古籍的使用頻率，進而影響其傳承和利用。隨著中國傳統文化的不斷深入研究，如何化解古籍保護和利用問題，只有古籍數位化保護的方法。從人類文化史層面考慮，在我國眾多文化遺產中，古籍亦是不可多得的珍貴寶藏。人們可以根據古籍文獻的描述和記載，還原人類社會的變化、發展、繁榮過程，提供借鑒和參考。古籍保護的目的不僅是保存，而且在更高層次上應是傳承與利用。時代的發展和讀者的利用需求，要求圖書館實現古籍數位化，在實現古籍保護的基礎上為這些古老資料注入新活力，促其重新綻放光彩。為此，圖書館做好古籍數位化保護工作意義重大而深遠。

古籍從修復保存到研究整理都需要大量人力物力的投入，古籍數位化更是牽涉許多交叉領域，專業人才的匱乏已成為制約數位化進程的關

鍵因素，加強複合型人才培養、建立人才吸引和激勵機制十分緊迫。為了讓數位化工作的執行更加完善並達到更高的效益，在數位掃描設備選擇上，可以藉由各種選購考量作為基礎，添購最適用於本身的數位化工具。例如館藏物件所屬年代久遠且保存不易，為了避免文物受到多次搬動，此時在進行設備選擇時，可從能保存物件影像最佳品質的角度來思考，減少未來可能因為品質無法符合應用需求，再次進行數位化的機會。在人員之培育上，應適時安排掃描人員接受訓練課程並參與相關工作討論會議。另外，在進行數位化工作成本估算時，除了考量硬體設備的價格之外，也需要將機器耗損以及其他隱藏成本（例如場地、水電費用等）列入考慮，方可進行最完善工作規劃。

數位化工作的每個執行流程，從檔案格式建立、檔案命名規範到影像數位化以及後設資料的建立等都是環環相扣彼此影響。在數位典藏計畫執行之初，並沒有確切的實作流程或相關工作經驗供執行單位參考，執行者僅能透過摸索試誤的方式，找尋數位化工作最佳的模式與途徑。這些嘗試與努力，為的或許是讓工作過程更加順利，但如何讓文物在最安全的狀態下進行數位化，卻始終是最根本的考量因素。

在數位化時代下古籍保護的方法及策略上，應該要有：

一、探索古籍保護新方法

我國從 90 年代起，就已開始在複製古籍過程中推廣微縮技術，搶救各類珍稀瀕危文獻典籍和報刊，其中包括古籍。縮微技術目前仍然在古籍保護中大量應用，因為其價格低廉、使用壽命長等優點，在古籍保護中備受歡迎。影印出版也是在數位化時代對估計進行保護的新方法，為古籍的廣泛傳播帶來了便利。

　　隨著網路技術的廣泛應用，古籍資源網路化開始出現，數位化的古籍資源被發佈在網路上，讀者可以網上閱覽、下載研究，為古籍的研究帶來了極大便利。當古籍數位化普及於全國各地的圖書館後，網路可以將各地資料庫連接在一起，可以向全國甚至是全世界實現共用。這為研究古籍資源和弘揚中華傳統文化提供了一條嶄新的管道。

二、加強專門人才培養

　　古籍數位化要求既懂古籍知識又掌握電腦技術的複合型人才，實現傳統古籍保護方法與現代技術應用的完美融合。人才對於古籍保護數位化而言，是重要的一環。因此，人才的培養成為推動古籍數位化發展的關鍵，不僅需要制定短期目標，還要有合理的長期規劃，才能從根本上解決人才短缺問題。此外，還要對人才的培養制定長期規劃，比如，在大學設置相關專業，引進專業教師，使學生形成系統的專業能力。另外，可以積極發揮現有古籍保護工作人員的傳幫帶作用。借助他們豐富的工作經驗，讓其在具體工作中對新生代工作者進行指導，幫助年輕工作人員及早進入工作狀態，熟練運用和掌握各方面知識和專業技能，有效地緩解人才匱乏的局面。

三、擴大古籍保護的宣傳力

　　長期以來，對古籍保護工作的宣傳較少，以致於重視不夠，經費投入也有限。因此要把古籍保護工作做好，必須投入更大力度，宣傳古籍保護工作，讓社會瞭解保護古籍工作，認識這門專業。例如，由國家圖

書館建立中文古籍保護網，網站登載了一些古籍保護方面的新聞及知識，宣傳古籍保護知識。各古籍收藏單位也應長期開展相關講座等活動，採用多種豐富形式宣傳古籍保護，讓更多人關心古籍保護工作，增強保護意識和觀念。

古籍數位化，是古籍整理發展的未來方向，順應這種變化，是時代向古籍整理工作提出的新要求。在使用面而言，由單一的檢索型數位化古籍製作向多功能、智慧化型數位化古籍研究的轉變。古籍數位化趨勢不僅可以縮短爬梳資料的時間，而且能很容易地找出所需要的分析結果，網路的運用更可以實現資料庫資源的共用。在推廣面而言，古籍資源數位化，並不僅僅是服務於學術研究，電腦環境下的多媒體技術的發展，為歷史知識、傳統文化的普及提供了前所未有、極具吸引力的表現手段。古籍是歷史的記錄，歷史是人的活動的記錄，人的活動是形象的。從這個角度看，把傳統上主要靠文本闡述的古籍資源轉化為多媒體普及性作品，不僅是古籍資源數位化的一個重要方面，而且是古籍資源走向大眾、走向普及的前所未有的時機。

雖然古籍數位化尚存在一些缺陷，但有一點是十分確定的，那就是：它必將對古籍整理與出版、文獻形態的演進、人類學術的研究，乃至全球範圍的資源分享有著深遠影響。學術無國界，古籍數位化是天下學術之公器。「工欲善其事，必先利其器」，需要加強電腦技術的開發與「數位文獻學」方面人才的培養，有效的使用這一學術研究新手段，在國際範圍內廣泛的進行交流與合作，實現資源的共用、文化的共同繁榮，是推進古籍數位化的有力的力量。

隨著 21 世紀的科技進步，除了要培養理論與經驗兼具的古籍人才，數位技術相關人才也漸漸開始成為古籍人員的必備條件，古籍數位化已是當前圖書館正在積極進行的項目，數位化成為了古籍部門最重要的使命，將可有效地解決特殊藏品的保存及使用問題。而古籍數位資源

不僅旨在確保珍藏書籍的保存和可用性，還可以產生新知識，使學者能夠利用網路資源來滿足研究的需求。伴隨數位化古籍可以在學術研究和國家文化建設中更加廣泛的利用，圖書館也應該規範古籍數位化資料標準、制定古籍數位化特定格式、完善中文字元代碼集、建立古籍資料庫檢索系統，並且不斷去探索古籍整理工作數位化的策略，以利古籍資源的共建共享。綜上所述，古籍數位化即是利用當代的進步科技，為古籍整理工作提供一個新途徑。圖書館透過現代的資訊技術，對古籍進行整理和系統開發，找出其中對現代社會發展有益的部分，為社會大眾提供資訊服務。

在圖書館古籍保護、整理、利用與推廣工作是一項艱巨的長期事業，必須全力做好人才培養工作，做到人才培訓制度化、規範化、科學化，並且鼓勵和支持古籍工作人員參加自學、函授、講座、集訓、考察、培訓等各類人才教育培訓。如此培養未來的專業人才，才能獲得圖書館古籍服務長期發展的基礎和保障，也才能使古籍保護、整理與修護工作得以持續不斷地推行。目前兩岸圖書館的古籍開發與利用還存在不少問題，且各圖書館的開發水準也多不相同，相信只要圖書館提高眼界、轉變觀念，把古籍服務放到國家文化建設的重點中考慮，圖書館古籍服務工作就會充滿生機和活力，進而重現古籍的絢麗光彩。

參考文獻

一、圖書

Banik, Gerhard, Irene Brückle, and Vincent Daniels. *Paper and Water : A Guide for Conservators*. Amsterdam: Butterworth-Heinemann, 2011.

Conte, Adriano, Olivia Pulci, R. Del Sole, A. Knapik, Jacek Bagniuk, J. Lojewska, L. Teodonio, and Mauro Missori. *Experimental and Theoretical Study of the Yellowing of Ancient Paper*. 2012.

Saunders., David. Museum Lighting : A Guide for Conservators and Curators. Los Angeles: The Getty Conservation Institute, 2020.

中國國家圖書館編，《中文善本古籍保存保護國際研討會論文集》，北京：北京圖書館出版社，2002 年。

毛建軍著，《古籍數字化理論與實踐》，北京：航空工業出版社，2009 年。

王立清著，《中文古籍數字化研究》，北京：國家圖書館出版社，2011 年 5 月。

王秀華編著，《木材化學及其應用》，臺北市：國立編譯館，2001 年。

王冠中撰，《中文古籍數位化成果與展望》，東北師範大學碩士學位論文，2005 年 5 月。

王雅萍、謝筱琳著，《數位化工作流程指南：漢籍全文》，臺北市：數位典藏與數位學習國家型科技計畫拓展臺灣數位典藏計畫，2011年6月。

王雅萍等著，《數位化工作流程指南：文字資料》，臺北市：數位典藏與數位學習國家型科技計畫拓展臺灣數位典藏計畫，2012年7月。

王雅萍等著，《數位化工作流程指南：影像資料》，臺北市：數位典藏與數位學習國家型科技計畫拓展臺灣數位典藏計畫，2011年6月。

呂俊賢等著，《數位化工作流程指南：數位內容保護與授權》，臺北市：數位典藏與數位學習國家型科技計畫拓展臺灣數位典藏計畫，2012年7月。

宋兆霖主編，《護帙有道：古籍裝潢特展》，臺北市：國立故宮博物院，民103年12月。

李佩瑛、王雅萍、高朗軒著，《數位化工作流程指南：色彩管理》，臺北市：數位典藏與數位學習國家型科技計畫拓展臺灣數位典藏計畫，2009年10月。

李約瑟等著，劉祖慰等譯，《中國科學技術史・第五卷，化學及相關技術》，上海：科學出版社，1990年7月。

李致忠著，《古書版本鑑定（重訂本）》，北京市：北京圖書館出版社，2021年。

杜偉生著，《中國古籍修復與裝裱技術圖解》，北京市：北京圖書館出版社，2003年。

亞歷山大・孟洛著，廖彥博譯，《紙的大歷史：從蔡倫造紙到數位時代，跨越人類文明兩千年的世界之旅》，臺北市：聯經出版，2017年3月。

來新夏著，《古籍整理散論》，北京：書目文獻出版社，2000年。

洪淑芬著，《文獻典藏數位化的實務與技術》，臺北市：：數位典藏國家型科技計畫訓練推廣分項計畫，2004 年 2 月。

高芷彤等著，《數位化工作流程指南：委外製作》，臺北市：數位典藏與數位學習國家型科技計畫拓展臺灣數位典藏計畫，2009 年 4 月。

高芷彤著，《數位化工作流程指南：古籍線裝書》，臺北市：數位典藏與數位學習國家型科技計畫拓展臺灣數位典藏計畫，2009 年 4 月。

崔雷撰，《中文古籍數字化研究》，吉林大學碩士學位論文，2010 年 6 月。

張承志著，《文物保藏學原理》，科學出版社，2010 年。

張秉倫等著，《中國傳統工藝全集：造紙與印刷》，河南：大象出版社，2005 年 4 月。

張圍東著，《古籍之美：古籍的演變與發展》，新竹縣竹北市：方集出版社，2021 年 6 月。

陳大川著，《中國造紙術盛衰史》，臺北市：中外出版，民 68 年 12 月。

陳大川著，《紙‧紙‧帋：造紙史周邊》，南投縣中興新村：臺灣省政府文化處，民 87 年。

陳大川著，《紙由洛陽到羅馬》，臺北市：樹火紀念紙文化基金會，2014 年 3 月。

程煥文等主編，《中文古籍整理與版本目錄學國際學術研討會論文集》，桂林市：廣西師範大學出版社，2018 年 6 月。

楊時榮著，《圖書文獻保存性修復》，臺北市：南天，2008 年 3 月。

楊時榮著，《圖書維護作業研究》，臺北市：南天，民 82 年。

楊時榮編著，《圖書維護學：圖書裝訂、保存、修補的理論與實務》，臺北市：南天，民 80 年。

劉仁慶著，《中國古紙譜》，北京市：知識產權出版社，2009 年 4 月。

劉琳，吳洪澤著，《古籍整理學》，成都：四川大學出版社，2003 年。

錢存訓著，《書于竹帛：中國古代的文字記錄》，上海：東方出版中心，2022 年 11 月。

顧力仁撰，《資訊時代圖書館中國古籍組織與利用之探討》，國立臺灣大學圖書資訊學研究所博士論文，2001 年。

二、期刊論文

Ahn, Kyujin, Sara Zaccaron, Nele S. Zwirchmayr, Hubert Hettegger, Andreas Hofinger, Markus Bacher, Ute Henniges, *et al.* "Yellowing and Brightness Reversion of Celluloses: Co or Cooh, Who Is the Culprit?". *Cellulose* 26, no. 1 (2019/01/01 2019): 429-44.

CHIRAT, C., and V. DE LA CHAPELLE. "Heat- and Light-Induced Brightness Reversion of Bleached Chemical Pulps." *journal of pulp and paper science* 25, no. 6 (1999): 201-05.

Dupont, Anne-Laurence, Céline Egasse, Aude Morin, and Frédérique Vasseur. "Comprehensive Characterisation of Cellulose- and Lignocellulose-Degradation Products in Aged Papers: Capillary Zone Electrophoresis of Low-Molar Mass Organic Acids, Carbohydrates, and Aromatic Lignin Derivatives." *Carbohydrate Polymers* 68, no. 1 (2007/03/01/ 2007): 1-16.

Glasser Wolfgang, G., and R. Glasser Heidemarie. "Simulation of Reactions with Lignin by Computer (Simrel). Ii. A Model for Softwood Lignin." *Holzforschung* 28, no. 1 (29 May 1974): 5-11.

Júnior, José Luiz Pedersoli. "The Development of Micro-Analytical Methodologies for Characterization of the Condition of Paper." In *9th International Congress of IADA*. Copenhagen, 1999.

Lattuati-Derieux, Agnès, Sylvette Bonnassies-Termes, and Bertrand Lavédrine. "Characterisation Of compounds Emitted During Natural And artificial Ageing Of a book. Use Of headspace-Solid-Phase Microextraction/Gas Chromatography/Mass Spectrometry." *Journal of Cultural Heritage* 7, no. 2 (2006/04/01/ 2006): 123-33.

Mosca Conte, A., O. Pulci, A. Knapik, J. Bagniuk, R. Del Sole, J. Lojewska, and M. Missori. "Role of Cellulose Oxidation in the Yellowing of Ancient Paper." *Physical Review Letters* 108, no. 15 (2012): 158301.

Shahani, Chandru J., and Gabrielle Harrison. "Spontaneous Formation of Acids in the Natural Aging of Paper." *Studies in Conservation* 47, no. sup3 (2002/09/01 2002): 189-92.

Stephens, C. H., P. M. Whitmore, H. R. Morris, and M. E. Bier. "Hydrolysis of the Amorphous Cellulose in Cotton-Based Paper." *BIOMACROMOLECULES -WASHINGTON-* 9, no. 4 (2008): 1093-99.

毛建軍，〈日本中文古籍數字資源的建設〉，《圖書館建設》，2009(3)，頁 33-35。

毛建軍，〈美國中文古籍數字化概述〉，《圖書館學研究》，2012(1)，頁 19-20。

史睿，〈論中國古籍數位化與人文學術研究〉，《國家圖書館學刊》，1999(2)，頁 28-35。

田奕，〈古籍整理與研究的電腦化〉，《中國文化》，1994(1)，頁 85-89。

任敬黨，〈古籍數位化述略〉，《鞍山師範學院學報》，2001(4)，頁 106-108。

朱岩，〈談古籍數位化〉，《澳門圖書館暨資訊管理協會學刊》第 4 期，2001 年 2 月，頁 143-149。

李明娟、李明傑，〈中外古籍善本保存與利用制度比較研究〉，《大學圖書館學報》，2010：第 5 期，頁 10-15、86。

李明傑，〈中文古籍數位化基本理論問題芻議〉，《圖書館論壇》，2005(5)，頁 97-100。

李長庚，〈中國古籍數位化建置與應用〉，《2004 年現代資訊組織與檢索研討會論文集》，2004 年，頁 141-145。

李鴻麟、張上鎮、谷雲川，〈原料對於紙張耐久性之影響〉，《林業試驗所研究報告季刊》4 卷 3 期，1989 年，頁 137-152。

周迪、宋登漢，〈中文古籍數字化開發研究綜述〉，《圖書情報知識》，2010(6)。

林永展，and 劉恩男，〈木質素的化學成分與應用概況〉，《化工資訊與商情》69 期，2009 年，頁 24-31。

林永展，謝承翰，劉淑芬，楊偉達，張麗敏，and 謝青城，〈木質素分離技術及其於 pcb 之應用〉，《工業材料》295 期，2011 年，頁 96-104。

林彥良，王升陽，and 曲芳華，〈紅檜、臺灣扁柏、臺灣冷杉、臺灣鐵杉和臺灣杉 caffeoyl Coa 3-O-Methyltransferase 基因之選殖與序列分析〉，《林業研究季刊》30 卷 3 期，2008 年，頁 13-24。

郁默，《臺灣中央研究院漢籍全文資料庫〉，《中國典籍與文化》，1998(3)，頁 110-115。

孫繼林，〈關於古籍善本的數位化問題〉，《圖書館雜誌》，2000(7)，頁 20-22。

秦淑貞，〈如何建立規範化的古籍書目資料庫〉，《現代圖書情報技術》，1999(2)，頁 39-41。

袁紹英，and 賴敏男，〈木質素的微生物分解〉，《食品工業》12 卷 6 期，1980 年 6 月，頁 21-25。

郝淑東、張亮、馮睿，〈古籍數字化的發展概述〉，《情報探索》，2007(7)，頁 114-116。

張上鎮，and 張惠婷，〈未塗裝木質材料光劣化後之表面性質變化〉，《中華林學季刊》30 卷 1 期總號 116 期，1997 年，頁 45-54。

張上鎮，〈木質素在木質材料光劣化反應中的角色〉，《林產工業》4 卷 2 期，1985 年，頁 17-23。

張雪梅，〈古籍數位化與文獻資訊資源共享〉，《天津工業大學學報（社科版）》，2002(3)，頁 85-86。

張資正，張惠婷，吳季玲，and 張上鎮，〈抽出成分對柳杉心材光氧化之安定性評估〉，《中華林學季刊》42 卷 2 期，2009 年，頁 227-238。

張豐吉，〈紙質文物的劣化〉，《故宮學術季刊》4 卷 1 期，1986 年，頁 59-66。

梁斌，〈關於古籍數字化建設的思考和建議〉，《重慶圖情研究》
　　2014(3)，頁 53-56。

許磊、張莉萍，〈中文古籍檢索及其數位化趨勢〉，《聊城大學學報
　　（哲學社會科學版）》 2002(5)，頁 121-123。

郭蘭生，〈木質素光學作用之原理〉，《漿與紙》33 期，1983 年，頁
　　21-32。

陳力，〈中文古籍數位化方法之檢討〉，《國家圖書館學刊》，
　　2005(3)，頁 11-16。

陳陽，〈中文古籍數位化的成果與存在問題〉，《出版科學》，
　　2003(4)，頁 46-48。

陳陽，〈古籍數位化發展概述〉，《電子出版》，2003(8)，頁 2-4。

陳愛志，〈數字化古籍對古籍整理與研究的影響〉，《中華醫學圖書情
　　報雜誌》2011：20(1)，頁 18-20。

陳嘉明，〈木質素的分離對其特性的影響〉，《林產工業》10 卷 4 期，
　　1991 年，頁 142-147。

曾棓敬，〈紙質文物之光劣化防治〉，國立中興大學森林學系碩士論
　　文，2005 年。

黃芳榮，〈木質素分解之衍生物的層析分析〉，《高雄工專學報》15
　　期，1985 年，頁 295-306。

黃衛華，〈古籍保護面臨的問題及對策探討〉，《中國新技術新產品》
　　2015(5)，頁 18-19。

楊果霖，〈臺灣古籍數位化的幾點建議〉，《書目季刊》30 卷 3 期 ，
　　2016 年 12 月，頁 1-22。

楊虎，〈港臺地區古籍數位化資源述略〉，《電子出版》2003(8)，頁
　　8-11。

劉偉紅，〈中文古籍數字化的現狀與意義〉，《圖書與情報》2009 年 4
　　期，頁 134-137。

劉曼麗，〈淺議古籍書目資料庫之建設〉，《情報雜誌》2000(5)，頁
　　74-75。

盧錦堂，〈中國古籍紙本裝幀演進考述〉，《佛教圖書館館刊》n.49 卷
　　2009 年，臺北市，頁 48-60。

羅鳳珠，〈臺灣地區中國古籍數位化的現況與展望〉，《書目季刊》35
　　卷 1 期，2001 年 6 月，頁 23-34。

蘇文珠，〈古籍數字化所面臨的問題及對策〉，《河北科技圖苑》
　　20(3)，2007 年，頁 19-21。

顧力仁、張圍東，〈臺灣中文善本古籍數位化的現況及展望〉，《澳門
　　圖書館暨資訊管理協會學刊》第 11 期，2009 年 11 月，頁 9-42。

顧力仁，〈詮釋資料與數位化古籍的著錄〉，《後設資料在數位典藏之
　　研究發展：回顧與前瞻研討會論文集》，2004 年 12，頁 219-223。

顧力仁，〈數位圖書館與古籍整理之探討〉，《圖書資訊學刊》第 14
　　期，1999 年 12 月，頁 115-127。

三、網路資訊

SEERY, MICHAEL. "Saving Paper.", https://eic.rsc.org/feature/paper-
　　conservation/2020204.article，2023 年 9 月 6 日點閱。

附件 A：國家圖書館特藏古籍文獻暨微縮資料轉製影像掃描／拍攝規格

（本規格適用於古籍及手稿等文獻及微縮資料等之數位化處理）

國家圖書館特藏文獻組　民國 111 年 12 月 1 日修訂

作業規範：

一、古籍文獻掃描

1. 本館提供中、西文古籍及手稿為 B4 至 A1 尺寸，古籍全書掃描畫面為彩色雙頁形式，手稿為彩色單張全幅或冊頁形式，以 1：1 比例完整掃描，不可分段掃描，掃描影像之原件四周保留 0.5-0.75 公分之邊框。

2. 古籍掃描檔案格式為典藏及印刷用 300-600dpi tiff 不壓縮檔、網路傳輸用 A4 尺寸大小/150dpi jpg 不壓縮檔二種（若網路傳輸用 A4 尺寸大小/150dpi jpg 不壓縮檔有字跡無法辨識的狀況，廠商有義務通知機關，由機關決定是否將解析度調高至 300dpi 或更高；若由機關驗收時發現文字辨識困難，機關將退回該檔案，請廠商無條件重新轉檔為 150-300dpi 之檔案）。

3. 若掃描檔案有字跡無法辨識的狀況如書上批註等細小字體，廠商有義務通知機關，由機關決定是否將解析度調高解析度至 600dpi，若由機關驗收時發現文字辨識困難，機關將退回該檔案，請廠商重新轉檔為 600dpi（提升掃描密度為 600dpi 之彩色原書影像，網路傳輸用 A4 尺寸大小為 300dpi jpg 檔）。

4. 敦煌卷子或捲軸形式之藏品，單頁掃描以 1：1 比例完整掃描，尺寸

為 B4 大小（橫向），可分段掃描，但需依固定掃描順序完成工作，掃描影像之原件四周保留 0.5-0.75 公分之邊框。敦煌卷子接圖是將單頁影像按 1:1 比例順序接起成長捲形式。檔案格式為典藏用 600dpi tiff 單頁檔、典藏及印刷用 300dpi tiff 單頁檔及接圖長捲檔、150dpi jpg 接圖長卷檔及網路傳輸用單頁檔。

5. 古籍若有因紙質較薄，而產生本頁可透視前頁文字的情況時，掃描前需加襯白紙。廠商工作人員必須於抽、放襯紙時小心不使其割裂書葉折處。

6. 掃描古籍（全書及卷端）、敦煌卷子、拓片及普通本線裝書等均須以 1:1 之比例掃描。

7. 在古籍清楚完整的前提下，影像掃描品質必須清晰，每日掃描前注意機器設備之清潔維護，校正軟體的標準校對流程並進行色彩校正。掃描/拍攝內容必須完整，掃描時目視螢幕不可有色偏、炫光、歪斜等情形。

8. 影像覆校通過後，轉製並寫入 2.5 吋外接式碟。為保持文件之完整性，每次結報驗收另附「國家圖書古籍文獻數位影像硬碟/書名/書號對照表」excel 表格（附件 G）之電子檔案給本館備存。

二、微縮資料轉製影像掃描

1. 機關提供微縮資料 35mm 微縮捲片（microfilm），或 24 倍微片，每幅縮影分別為書籍的左右兩版面之內容。影像製作規格為黑白 300dpi 的 TIFF.G4 壓縮檔、網路傳輸用 A4 尺寸大小/150dpi jpg 不壓縮檔二種。

2. 掃描原書須以 1:1 之比例掃描；掃描微捲或微片則需依「國家圖書館善本書志」內所載版匡尺寸，調整微捲/片的影像大小，再進行掃描。

3. 微捲掃描後影像不需做影像切割，即將一幅兩版面儲存在同一畫面。

但是若同一畫面的左右兩個版面分別屬於前後的不同卷次（如卷一及卷二），應將該畫面內的左右兩個版面切成兩個畫面，使得分別屬於不同兩卷的兩個版面都能單獨被檢索到。

4. 在原稿清楚的前提下，影像掃描品質必須清晰，不可太濃、太淡、歪斜，掃描內容必須完整，在原稿不清楚或者文字線條太細、文字太小、或機關有特殊要求等情況下，需提昇掃描密度至 8 位元灰階（黑白微捲）儲存以避免影像流失。

5. 微捲中凡有印章與眉批的部分均使用灰階儲存，以避免影像流失。

6. 轉製掃描內容必須完整，影像需進行品質校正，去除黑邊與影像之外產生之污點，影像歪斜度以中心線為基準左右不超過 5 度。

7. 影像覆校通過後，轉製並寫入 2.5 吋外接式硬碟。為保持文件之完整性，每次結報驗收另附「國家圖書古籍文獻數位影像硬碟/書名/書號對照表」excel 表格（附件 G）之電子檔案給本館備存。

附件 B：國家圖書館特藏古籍文獻數位影像檔案編碼原則

（本規格適用於古籍及手稿文獻及微縮資料等之數位化處理）

國家圖書館特藏文獻組　民國 111 年 12 月 1 日修訂

B-1 中文古籍部分：

一、古籍全書

1. 古籍以整部書（同一書號，非冊數）為製作單位。

2. 其影像檔案目錄分為三層，包括：書號、卷次、及頁次區分檔名，檔名中的英文字母、符號皆為半形皆為小寫。

　　例 1：蠹衣生蜀草十二卷，閩草六卷，養草二卷，留草二卷

　　　　　/12596-00000/0a00001/00001.tif

　　　　（書號）　（卷次）　（頁次）

3.1 書號

　　檔名長度為 11 bytes（包含短橫-），由《國立中央圖書館善本書目》或「古籍影像檢索系統」（http://rbook2.ncl.edu.tw/Search/Index/1 ）查出書號。

　　例 1：蠹衣生蜀草

　　　　　→書號→12596-00000

　　例 2：葉臺全集→12763-00000

　　　　　蒼霞草　→12763-00001（子目）

　　　　　蒼霞續草　→12763-00002（子目）

　　　　　蒼霞餘草　→12763-00003（子目）

綸扉奏草 →12763-00004（子目）

續綸扉奏草 →12763-00005（子目）

後綸扉尺牘 →12763-00006（子目）

蘐編 →12763-00007（子目）

例 3：穀庵集選 →11437-00000

附 可閒先生逸稿 →11437-00001（合刊）

觀頤摘稿 →11437-00002（合刊）

東齋稿略 →11437-00003（合刊）

3.2 卷次

檔名長度為 7 bytes，第一碼為阿拉伯數字（凡屬於正文前的以 0 表示，凡屬於正文的，包括卷前在內，以 1 表示；不分卷的書也以 1 表示），第二碼為英文字（基本上只用 a、b、c…z 來代表正文內不同性質的部分，如詩集、奏疏、尺牘…外編、年譜、附錄…詩集、文集、續集…山中集、憑几集、[憑几集]續集、息園存稿詩、文…），後五碼為阿拉伯數字（依次以 00001、00002、00003… 來表示卷次）。

例 1：蟻衣生留草二卷→1d00002

（註：書名：1a 蟻衣生蜀草十二卷，1b 閩草六卷，1c 養草二卷，1d 留草二卷）

例 2：蟻衣生蜀草正文前的序、凡例及目次等→0a00000

（註：書名：a 蟻衣生蜀草十二卷，b 閩草六卷 c 養草二卷，d 留草二卷，0a 蟻衣生蜀草正文前的序、凡例及目次）

例 3：玄扈樓集（不分卷）→1a00000

例 4：玄扈樓集（不分卷）續集（不分卷）→分別為：1a00000 及 1b00000

3.3 頁次

檔名長度共 5 bytes，古書右、左版面各為一頁。

例：第一頁→00001.tif

二、中文古籍卷端

1. 古籍以整部書（同一書號，非冊數）為製作單位。

2. 其影像檔案編碼以書號為主。

2.1 書號

檔名長度為 5～11 bytes（包含短橫-），由《國立中央圖書館善本書目》或「古籍影像檢索系統」（http://rbook2.ncl.edu.tw/Search/Index/1）查出書號。

例 1：蟫衣生蜀草

　　　→書號→12596（非叢書子目書號）

例 2：**叢書子目：**

　　　蒼霞草 →12763-00001（子目）

　　　蒼霞續草 →12763-00002（子目）

　　　蒼霞餘草 →12763-00003（子目）

　　　綸扉奏草 →12763-00004（子目）

　　　續綸扉奏草 →12763-00005（子目）

　　　後綸扉尺牘 →12763-00006（子目）

　　　蓬編 →12763-00007（子目）

B-2 敦煌卷子部分：

1. 敦煌卷子以每一書號為製作單位。

2. 其影像檔案編碼以書號為主，影像檔案目錄分為三層，包括：書號、卷次及頁次區分檔名，檔名中英文字母皆為小寫。

3.1 書號

檔名長度為 11 bytes（包含短橫-），由《國立中央圖書館善本書目》

或「古籍影像檢索系統」（http://rbook2.ncl.edu.tw/Search/Index/1 ）查出書號。

例 1：妙法蓮華經存一卷

　　　/08725-00000/0a00001/00001.tif

　　　　→書號→08725-00000

例 2：嘉興楞嚴寺方冊藏經 09033-00000

　　　大般若波羅蜜多經 →09033-00001（子目）

　　　放光般若波羅蜜經 →09033-00002（子目）

　　　…………

　　　一字佛頂輪王經 　　→09033-00530（子目）

3.2 卷次

檔名長度為 7 bytes，第一碼為阿拉伯數字（凡屬於正文前的以 0 表示，凡屬於正文的，包括卷前在內，以 1 表示；不分卷的書也以 1 表示），第二碼為英文字（基本上只用 a、b、c…z 來代表正文內不同性質的部分），後五碼為阿拉伯數字（依次以 00001、00002、00003…來表示卷次）。

3.3 頁次

檔名長度共 5 bytes。

　　例：第一幅→00001.tif

B-3 微縮資料轉製部分：

微縮資料轉製數位化影像編碼原則同 B-1 古籍部分 。

B-4 西文古籍部分：

一、至國家圖書館館藏目錄查詢系統（ https://aleweb.ncl.edu.tw/F ）查詢檢索並完成第一層書目資料之著錄。

二、影像檔案目錄分為三層，包括：書號（書目之系統號[9 碼]）、冊次（圖書內容之篇章段落）、及頁次區分檔名，檔名中的英文字母、符號皆為半形皆為小寫。

例：Storia della musica

/005120718/1a00001/00001.tif

（書號）　（冊次）（頁次）

1. 書號（以此書目之系統號[9 碼]取代）

檔名長度為 9bytes，由《國家圖書館藏書目查詢系統》查出書號（以此書目之系統號[9 碼]取代）。

例：

題名：Storia della musica

書號：005120718

2. 冊次

檔名長度為 7 bytes，第一碼為阿拉伯數字（凡屬於正文的，以 1 表示；），第二碼為英文字母（基本上只用 a 來代表正文內不同性質的部分），後五碼為阿拉伯數字（依次以 00001、00002、00003…來表示全書之冊次）。

例：第一冊：1a00001

　　第二冊：1a00002

3. 頁次

檔名長度共 5 bytes，書右、左版面各為一頁。

例：第一頁→00001.tif

附件 C：國家圖書館特藏古籍文獻數位影像文字檔案編寫原則

（本規格適用於古籍文獻及微縮資料等之數位化處理）

國家圖書館特藏文獻組 民國 111 年 12 月 1 日修訂

C-1 中文古籍部分：

一、至國家圖書館館藏目錄查詢系統（https://aleweb.ncl.edu.tw/F）或古籍影像檢索系統（http://rbook2.ncl.edu.tw/Search/Index/1）檢索查詢，完成第一層書目資料之著錄。

例：查詢書名「牡丹亭還魂記」（或書號 15096），點選進入該筆資料後，複製書號、題名、卷數、創作者、版本、附註等，貼至 word 檔中，成為以下格式。

書號：15096-00000

題名：牡丹亭還魂記

卷數：二卷

創作者：（明）湯顯祖（撰）

版本：明萬曆丁巳（45 年，1617）刊本

二、開啟掃描完成之影像檔案，對照其中有卷次篇目之部分，依圖檔編碼原則於第二及第三層內建置篇目檔並著錄頁碼，如下列所示範。

$000 正文前$b0a00000

牡丹亭還魂記題辭+1-10

目錄+11-14

$001 卷之一—$b1a00001

篇目：牡丹亭還魂記卷上

第壹齣標目+1-2

（圖）第貳齣言懷+2-5

（圖）第叁齣訓女+5-10

第肆齣腐嘆+10-12

第伍齣延師+12-15

（圖）第陸齣悵眺+15-20

第柒齣閨塾+21-25………………

C-2 敦煌卷子部分：

一、至國家圖書館古籍影像檢索系統

（http://rbook2.ncl.edu.tw/Search/Index/1）剪貼書目基本資料，完成第一層書目資料之著錄。

例：查詢書號 08826-00000，進入該書號內容「妙法蓮華經」後，複製該筆資料之書號、題名、卷數、創作者、版本、附註等，貼至 word 檔中，成為以下格式。

書號：08826-00000

題名：妙法蓮華經

卷數：存二卷

創作者：（姚秦）鳩摩羅什（譯）

版本：唐人寫卷子本

附註：按：核其字體、款式紙墨等皆不同，非同一人手筆，宜分條著錄：甲卷為「妙法蓮華經」卷二，首尾缺損，無邊欄行界，每紙 28、29 行，行 17、18 字，凡存 4 紙。紙色黃褐泛白，粗橫簾紋，纖維束多。字不甚工。乙卷為「妙法蓮華經」卷五，首尾缺，中亦損，有邊欄行界，匡高 20.4 公

分，全幅高 25.6 公分。每行 17 至 18 字不等，凡存 2 紙共
43 行。紙厚，色黃褐，簾紋不清，似為細橫紋，纖維束
少。書法至工。丙卷為「佛說法句經」一卷，不著譯人，首
尾缺損，每紙 23 行，行 17 字，凡存 4 紙共 72 行。有邊欄
行界，匡高 23.1 公分。全幅 28.2x42 公分。紙色米黃，極細
橫簾紋.卷中有標品名曰：「親近真善知識品第五」等。書
法尚工，有朱筆校字。（經文對照：甲卷見大正藏第九卷法
華部，號 262，頁 13 至頁 15。乙卷見號 262，頁 44 至頁
45。丙卷見第八十五卷疑似部，號 2901，頁 1433 至頁
1434）、存卷二、卷五。

二、開啟掃描完成之電子檔案，對照其中含卷次篇目之部分，依圖檔編
碼原則於第二層及第三層內建置篇目檔並著錄頁碼。如下列所示：

$001 卷之一$b1a00001

　　妙法蓮華經+1-7

$002 卷之二$b1a00002

　　妙法蓮華經+1-3

$003 卷之三$b1a00003

　　妙法蓮華經+1-5

C-3 微縮資料轉製部分：

微縮資料轉製數位影像檔案編寫原則同 C-1 善本古籍部分 。

C-4 西文古籍部分：

一、至國家圖書館館藏目錄查詢系統（https://aleweb.ncl.edu.tw/F）查
詢檢索並完成第一層書目資料之著錄。如下：

檔名：004467896

書號：004467896（PQ4664.T7 A6 1529）內文加入索書號請括號

題名：La poetica di M. Giovan Giorgio Trissino

創作者：Trissino, Giovanni Giorgio, 1478-1550

出版項：Vicenza: Per Tolomeo Ianiculo,MDXXIX di Aprile [1529]

二、開啟掃描完成之影像檔案，對照書名頁、目錄、篇章段落及書後索
引等之部分，依圖檔編碼原則建置篇目檔並著錄頁碼，如下列所示
範。

$001 冊之一$b1a00001

　　　封面+1-2

　　　書名頁+3

正文 La poetica di M. Giovan Giorgio Trissino +4-72

　　　封底+73

國家圖書館出版品預行編目(CIP) 資料

古籍之美：古籍修護與數位化/張圍東，林俐伶著.
-- 初版. -- 新竹縣竹北市：方集出版社股份有限
公司, 2024.05
　　面；　公分

　ISBN 978-986-471-442-1 (平裝)

1.CST: 古籍　2.CST: 文物修復　3.CST: 文獻數位化

023.57　　　　　　　　　　　　112018187

古籍之美──古籍修護與數位化

張圍東　林俐伶　著

發 行 人：賴洋助
出 版 者：方集出版社股份有限公司
聯絡地址：100 臺北市中正區重慶南路二段 51 號 5 樓
公司地址：新竹縣竹北市台元一街 8 號 5 樓之 7
電　　話：(02) 2351-1607　　傳　真：(02) 2351-1549
網　　址：www.fungiipub.eculture.com.tw
E - m a i l：service@eculture.com.tw
主　　編：李欣芳
責任編輯：立欣
行銷業務：林宜葶
出版年月：2024 年 05 月　初版
定　　價：新臺幣 390 元

ISBN：978-986-471-442-1 (平裝)

總經銷：聯合發行股份有限公司
地　　址：231 新北市新店區寶橋路 235 巷 6 弄 6 號 4F
電　話：(02)2917-8022　　　　傳　真：(02)2915-6275